高校入試

超効率
問題集

英語 数学 国語 理科 社会

5科

文英堂

目 次

特長と使い方

本書は，入試分析をもとに，主要5教科の各テーマを出題率順に並べた問題集です。よく出る問題に絞って解いていくことができるので，"超効率"的に入試対策ができます。

1 『出るとこガイド』

巻頭に入試問題の分析と対策ポイントを載せています。
出題頻度が高く，必ず解けるようにしておく問題をチェックできます。
入試直前には，ランキング上位の問題だけでも押さえておきましょう。

2 『出題率ランク』

各テーマの出題率を調査し，ランキング上位にランクインしたテーマ順に出題していますので，出やすいテーマを選んで学習できます。
テーマタイトル部分には入試傾向や対策を示した「入試メモ」と出題率を載せています。

関係代名詞	入試メモ 語順整序の問題のほか，長文の中でもよく見られる。主格と目的格の見極めが重要。	出題率 59.4%	ランク 1

3 『実力アップ問題』

問題には，出題率・正答率の分析をもとにマークをつけました。目的に応じた問題を選んで解くこともできます。

超重要　正答率がとても高い，よく出る問題です。確実に解けるようになりましょう。

差がつく　正答率が少し低めの，よく出る問題です。身につけてライバルに差をつけましょう。

難　正答率がとても低い問題です。ここまで解ければ，入試対策は万全です。

🔊　リスニング問題です。音声再生アプリ「SigmaPlayer」で音声を聞いて問題を解きましょう。

思考力問題にも対応！

思考力　いろんな情報を組み合わせて解く問題や自由記述式の問題です。慣れておきましょう。

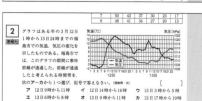

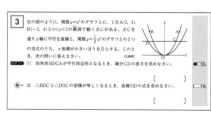

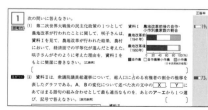

英 語

出題率総合ランキングTOP10

〔出題率〕

	分野	ページ		出題率
1	読解 適切な語句・文を補う問題	→ p.20		**100.0**%
2	文法 不定詞・動名詞	→ p.14		**95.8**%
3	英作文 場面・条件に合う英文を書く問題	→ p.24		**91.7**%
4	文法 前置詞・接続詞	→ p.12		89.6%
4	読解 内容正誤問題	→ p.22		89.6%
4	リスニング 英語の質問に答える問題	→ p.26		89.6%
7	リスニング イラスト・図表を選ぶ問題	→ p.27		80.2%
8	文法 熟語	→ p.18		77.1%
9	文法 助動詞	→ p.19		76.0%
10	英作文 自分の考えを書く問題	→ p.25		74.0%

[攻略ポイント！]

✓ **出題率が高い重要な分野…** **1** 適切な語句・文を補う問題

対話文形式の問題では，「だれが」「いつ」「どこで」「何を [に]」に注意。長文問題では，空所の前後の文に注目し，自然な流れになる語句や文を答える。

✓ **キーワードで判断する分野…** **4** 内容正誤問題 **7** イラスト・図表を選ぶ問題

内容正誤問題では，選択肢中のキーワードをもとに，本文を読み直す。リスニングでは，イラストや図表があればあらかじめ見ておき，数字などのキーワードをメモしながら聞く。

✓ **知識量で得点が可能な分野…** **4** 前置詞・接続詞 **8** 熟語

前置詞や接続詞の基本的な意味と用法は，しっかりおさえておくこと。熟語は，ふだんから知識量を増やすように心がけ，使えるように練習しておく。

数　学

出題率総合ランキングTOP10

〔出題率〕

	分野	ページ	出題率
1	数の計算 → p.28 **正負の数の計算**		**100.0**%
1	データの活用と確率 → p.51 **データの活用と標本調査**		**100.0**%
3	関数 → p.38 **比例と反比例**		**99.0**%
4	関数 → p.39 **関数 $y=ax^2$**		**97.9**%
5	平方根・式の計算 → p.30 **平方根**		**96.9**%
5	データの活用と確率 → p.50 **確率**		**96.9**%
7	円・三角形・四角形 → p.46 **円の性質**		**92.7**%
8	平方根・式の性質 → p.31 **式の計算**		**91.7**%
9	方程式の解法 → p.34 **2次方程式**		**90.6**%
10	関数 → p.39 **1次関数**		**74.0**%

［ 攻略ポイント！ ］

✓ **出題率，正答率が高い重要な分野…** **1** 正負の数の計算 **3** 比例と反比例

小問の形で問われることが多いため配点は少ないが，確実に取っておきたいところ。小問の中の1つとして問われることが多い。

✓ **見極めが必要な分野…** **4** 関数 $y=ax^2$

「関数 $y=ax^2$」は基本的な内容で得点を狙えるが，放物線と直線に関する問題となると正答率が10%を切る難易度の高い問題である場合があるので注意が必要。

✓ **用語の確認で高得点がねらえる分野…** **1** データの活用と標本調査

階級，度数，範囲，中央値，最頻値などは，用語の意味が分からないと解けない。裏を返せば，覚えておけば得点できる所となる。出題率も高いので取りこぼしは避けよう。

理 科

出題率総合ランキングTOP10

〔出題率〕

1 物質の成り立ち
化学変化と原子・分子 → p.60
88.5%

2 電流の性質
電気と磁気 → p.54
60.4%

3 植物のつくりとはたらき
生物の体のつくりとはたらき → p.66
57.3%

4 力による現象
力・仕事・エネルギー → p.52
51.0%

5 地球の運動と天体の動き
地球の運動と宇宙 → p.74
50.0%

6 化学変化と物質の質量
化学変化と原子・分子 → p.61
49.0%

7 電気分解と電池
化学変化とイオン → p.62
46.9%

7 動物の体のつくりとはたらき
生物の体のつくりとはたらき → p.67
46.9%

9 身のまわりの物質とその性質
物質の性質・水溶液・気体 → p.58
44.8%

10 仕事とエネルギー
力・仕事・エネルギー → p.53
43.8%

10 気象観測と天気の変化
気象と大気 → p.72
43.8%

［ 攻略ポイント！ ］

✓ **出題率，正答率が高い重要な分野…** **1** 物質の成り立ち **2** 電流の性質

分解は特定の反応が出るので，できる物質とその確認方法をおさえておけば得点できる。オームの法則を使った計算も確実に得点しておきたいところ。

✓ **定番の実験問題…** **3** 植物のつくりとはたらき **7** 動物の体のつくりとはたらき

対照実験では，変えている条件に着目しよう。実験操作の目的や，物質を検出する薬品の名前や変化も整理して覚えておこう。

✓ **資料の読みとりで差がつく分野…** **6** 化学変化と物質の質量 **10** 気象観測と天気の変化

物質の質量変化の記録や，気象観測のデータは読みとり方が分からないと解けない。グラフを元に物質の質量を計算する問題や湿度の計算など，差がつきやすい問題が出題される。

社 会

出題率総合ランキングTOP10

〔出題率〕

1 近世の日本　→ p.86
近世社会の発展　　**95.8**%

1 古代〜中世の日本　→ p.84
武家政治の展開　　**95.8**%

1 古代〜中世の日本　→ p.85
古代国家のあゆみと東アジアの動き　　**95.8**%

4 現代の民主政治とこれからの社会　→ p.94
国の政治と地方自治　　**89.6**%

5 現代の日本　→ p.90
現代の日本と世界　　**88.5**%

6 現代の日本　→ p.91
二度の世界大戦と日本　　**86.5**%

7 私たちの生活と日本国憲法　→ p.92
人権の尊重と日本国憲法　　**85.4**%

7 日本のすがた　→ p.80
世界から見た日本　　**85.4**%

9 世界の諸地域　→ p.78
アジア・アフリカ・ヨーロッパ　　**81.3**%

9 私たちのくらしと経済　→ p.96
消費生活と経済　　**81.3**%

［ 攻略ポイント！ ］

✓ **出題率，正答率が高い重要な分野…** **1** 近世社会の発展

武家政権を中心とした範囲で，一問一答の形式の問題も多い。重要な用語や事項をおさえておくことで，得点だけでなくスピードアップもねらいたい。

✓ **基本事項の確認で得点がねらえる分野…** **7** 人権の尊重と日本国憲法

天皇の国事行為，憲法改正，社会権など，頻出テーマが限られるため，時事のチェックで出題を予想したり，基本事項の確認で得点アップが可能。

✓ **資料を読み取る力が試される分野…** **7** 世界から見た日本

地図や統計データなどの資料を活用する問題は必須。出題の意図を理解し，資料から読み取れることを考える。なるべく多くの問題を解いて慣れておこう。

国 語

出題率総合ランキングTOP10

順位	分野	項目	ページ	出題率
★1	漢字・語句	漢字の読み・書き	→ p.111	100.0%
★2	読解（説明的文章）	内容理解	→ p.107	94.8%
★3	古典・詩歌	古文	→ p.103	88.5%
4	読解（文学的文章）	心情・主題	→ p.105	85.4%
5	作文	条件作文	→ p.101	71.9%
6	漢字・語句	漢字・熟語の知識	→ p.110	64.6%
7	読解（文学的文章）	場面・情景・表現	→ p.104	54.2%
7	漢字・語句	慣用表現	→ p.110	54.2%
9	読解（説明的文章）	段落・要旨	→ p.106	51.0%
10	文法	品詞や意味用法の識別	→ p.109	50.0%

[攻略ポイント!]

✓ **出題率，正答率が高い重要な分野…** ★1 漢字の読み・書き ★3 古文

配点は少ないが，確実におさえておきたい。特に古文は，教科書にない作品が出題されることが多いが，実際は基本的な問いがほとんどである。

✓ **思考力が試される分野…** 5 条件作文

条件を守る，原稿用紙を正しく使う，などの基本事項は必ずおさえる。ふだんから自分の考えをまとめる練習を繰り返ししておくことも大事。

✓ **知識が問われる分野…** 10 品詞や意味用法の識別

基本的な文法の知識は必須。紛らわしい品詞や，識別の問題によく出る語は決まっているので，しっかりと理解しておく。

未来／進行形・受け身・現在完了

解答・解説｜別冊p.2

未来／進行形

入試メモ 文の流れをつかむために，未来や進行形の基本的な用法をおさえておこう。

出題率 70.8%　ランク 1

正答率

1 次の文の（　　）に入る最も適当な語を，あとの**ア〜エ**から１つ選び，記号で答えなさい。　[神奈川県]

One of the birds I bought yesterday （　　　　） singing now.

ア is　　**イ** are　　**ウ** was　　**エ** were　　　　　　　　〔　　　　〕

2 次の文の（　　）に入る最も適当な語を書きなさい。ただし②は，（　　）内に示された文字で書き始めなさい。

Paul : Yesterday, I went *downtown, and I was surprised. Many people ①（　　　　） ②（ r　　　　） in the street! And many people were cheering for them along the street.

Nami : Oh, I think it was a city *marathon.　　[愛知県]

（注） downtown 繁華街に　　marathon マラソン

①＿＿＿＿＿＿＿＿　　②＿＿＿＿＿＿＿＿

3 次の文の（　　）内の語句を並べかえて，文を完成させなさい。

(1) By doing so, we can (thinking / others / know / what / are).　[宮城県]

＿＿＿＿＿＿＿＿＿＿＿＿＿＿＿＿＿＿＿＿＿＿＿＿＿＿＿＿＿＿　16%

(2) Now, (every / are / more and / people / Japan / coming to / more foreign) year.　[愛知県]

＿＿＿＿＿＿＿＿＿＿＿＿＿＿＿＿＿＿＿＿＿＿＿＿＿＿＿＿＿＿

(3) I didn't know (my / were / what / after / classmates / doing) school.　[和歌山県]

＿＿＿＿＿＿＿＿＿＿＿＿＿＿＿＿＿＿＿＿＿＿＿＿＿＿＿＿＿＿

(4) In the future, I (*solve / who / will / a / can / person / be) the problems in the world.　[香川県]

（注） solve 解決する

＿＿＿＿＿＿＿＿＿＿＿＿＿＿＿＿＿＿＿＿＿＿＿＿＿＿＿＿＿＿

受け身

入試メモ 語順整序問題だけでなく，長文でもよく使われる。語順と意味をおさえておくこと。

出題率 64.6%　ランク 2

4 次の文の（　　）に入る最も適当な語を，あとの**ア**〜**エ**から１つ選び，記号で答えなさい。　　　　　　　　　　　　　　　　　　　　　　　　　[神奈川県]

That house with large windows （　　　） built ten years ago.

ア lives　　イ is　　ウ was　　エ were　　　　　　〔　　　　〕

正答率 70%

5 次の文の（　　）内の語を並べかえて，文を完成させなさい。

正答率 38%

(1)　**A :** What does it say on the door?

　　B : It says that (not / students / to / allowed / are) enter from here.
　　　　　　　　　　　　　　　　　　　　　　　　　　　　[宮崎県]

(2)　**A :** Did you know these plastic bottles (from / are / made / oil)?

　　B : Yes, we studied it in our science class.
　　　　　　　　　　　　　　　　　　　　　　　　　　　　[徳島県]

現在完了

入試メモ 語順整序問題のほか，長文の中でもひんぱんに使われる。３用法の基本をおさえておこう。

出題率 52.1%　ランク 3

6
[思考力]
次の文の（　　）内の語句を並べかえて，文を完成させなさい。ただし，(2)には不要な語が１語ある。

正答率 45%

(1)　**Reiko :** Do you know *Tonari no Totoro*?

　　Nancy : Yes! It is the most (ever / movie / watched / wonderful / have / I). It is a good story.

　　Reiko : I agree.
　　　　　　　　　　　　　　　　　　　　　　　　　　　　[鳥取県]

正答率 37%

(2)　**A :** What do you want to do when you become a high school student?

　　B : Well, I want to (things / I've / every / never / done / try) in junior high school.
　　　　　　　　　　　　　　　　　　　　　　　　　　　　[神奈川県]

正答率 31%

(3)　**Tom :** You look happy today. Why?

　　Ken : I'm so happy because I'll go shopping with my brother this afternoon. I'm going to buy (many / have / the bike / I / for / wanted) years.

　　Tom : Wonderful!
　　　　　　　　　　　　　　　　　　　　　　　　　　　　[高知県]

英語　数学　理科　社会　国語

2 前置詞・接続詞・文の構造

前置詞・接続詞

入試メモ 前置詞や接続詞は文のあちこちに出てくる。複数の意味を持つ前置詞に要注意。

 出題率 89.6%

 ランク 1

正答率

1 次の文の（　）に入る最も適当な語を，あとの**ア〜エ**からそれぞれ１つずつ選び，記号で答えなさい。

(1) The city is visited by many people（　　　）a famous festival in February. ［神奈川県］

　　ア when　　**イ** which　　**ウ** between　　**エ** during　　〔　　　〕

超重要▶ (2) Look at this sign. Some places like supermarkets and restaurants have one of these. This dog isn't a pet. This is a dog that helps people in need. This sign shows that these places welcome people （　　　）helping dogs. ［長野県］

　　ア with　　**イ** at　　**ウ** on　　**エ** against　　〔　　　〕 ▮82%

(3) Last month, I had an *interview（　　　）English to go to America.
　　(注) interview 面接試験 ［香川県］

　　ア in　　**イ** from　　**ウ** at　　**エ** to　　〔　　　〕

差がつく▶ (4) *Oba wanted to use the water from *Ashinoko to grow rice. That meant they had to build a *tunnel（　　　）the mountain to bring the water to his village. ［長野県］

　　(注) Oba 大庭源之丞　　Ashinoko 芦ノ湖　　tunnel トンネル

　　ア over　　**イ** to　　**ウ** on　　**エ** through　　〔　　　〕 ▮37%

2 次の文の（　）内の語句を並べかえて，文を完成させなさい。

(1) **Mika :** What（ when / was / were / dream / you / your ）a child?

　　Sam : Well, I wanted to be a scientist. What about you? ［山形県］

_____

思考力▶ (2) My uncle said, "A boy（ brought / lived / our house / near / these / who ）to us." ［京都府］

_____

文の構造

入試メモ　2つの目的語をとる文，目的語のあとに補語が続く文が語順整序問題でよく見られる。

出題率 62.5%　ランク

正答率

3 次の文の（　　）内の語句を並べかえて，文を完成させなさい。

(1) **A :** Did you tell Mr. Jones about your trip to Australia?

B : No. When I see him next, I will (took / him / I / show / some pictures) there.　　　　　　　　　　　　　　　　　　　　[島根県]

差がつく (2) My new school life has started. Today, the *student council showed us a video about the school. (excited / it / made / watching / very / me).　　　　　　　　　　　　　　　　　　　　　　　　　　[兵庫県]

(注) student council　生徒会

(3) **A :** What did you learn about peace during your school trip?

B : Many things. I especially remember an old woman who (memories / us / told / her).　　　　　　　　　　　　　　[徳島県]

いろいろな文

入試メモ　間接疑問は語順整序でよく出題される。語順を確認しておく。疑問文中の間接疑問には特に注意。

出題率 51.0%　ランク

正答率

4 次の文の（　　）内の語を並べかえて，文を完成させなさい。

(1) （クラブ見学で）

Bill : Have you decided to join the swimming club, Kazuo?

Kazuo : Yes, I have. How about you, Bill?

Bill : I haven't decided it yet. I want to (they / often / practice / how / know) every week.

Kazuo : I think they practice almost every day, but they don't on Sundays and Mondays.　　　　　　　　　　　　　　　　[岐阜県]

■□41%

(2) **Andy :** You really like music. How (so / get / did / you / CDs / many)?

Yuji : I bought most of them myself.　　　　　　　　　　　[山形県]

□18%

(3) **A :** We're going to see a baseball game next Saturday, but I've never seen one at a stadium. (there / I / bring / anything / should / is)?

B : You'll need a lot of water because it'll be very hot there.　[兵庫県]

英語
数学
理科
社会
国語

13

 いろいろな品詞

解答・解説 | 別冊 p.4

不定詞・動名詞

入試メモ 不定詞の3つの基本用法と動名詞の基本をおさえ，それらを含む重要表現を暗記しよう。

出題率 95.8% 　ランク 1

正答率

1 次の文の（　　）に入る最も適当な語句を，あとの**ア～エ**から1つ選び，記号で答えなさい。　　　　　　　　　　　　　　　　　　　　　　　　　　　　[神奈川県]

We can get new ideas by（　　　）with a lot of people.

ア talking　　イ talked　　ウ have talked　　エ to talk　　〔　　　〕

75%

2 次の文の（　　）内の語を並べかえて，文を完成させなさい。

(1) **A :** What's your plan for tomorrow?

　　B : My sister（ to / go / me / shopping / asked ）together.

　　A : That sounds fun! Where will you go?　　　　　　　　[沖縄県]

超重要 (2) **Akira :** Welcome!（ places / to / are / visit / many / there ）in Tottori.
Mt. Daisen is one of them. It is very beautiful.

　　David : Thank you. I'm excited.　　　　　　　　　　　　[鳥取県]

61%

(3) **Jack :** You're going to give a speech in English class this afternoon.
Are you ready?

　　Miwa : Yes, but I'm worried because it's（ front / me / difficult / for /
talk / in / to ）of many people.

　　Jack : Don't worry. You can do it.　　　　　　　　　　　[高知県]

43%

3 次の会話が成立するように，[　　]内の語を並べかえて英文を完成させ，① ～ ④ に入る語の記号を書きなさい。

(1) **A :** What will you do tomorrow?

　　B : I will go to the ＿＿＿ ① ＿＿＿ ② ＿＿＿.　　　　[秋田県]

　　[ア library　　イ books　　ウ to　　エ some　　オ borrow]

　　①〔　　　〕　　②〔　　　〕

68%

超重要 (2) **A :** Will you carry this desk to the next room with me?

　　B : OK, but it ＿＿＿ ＿＿＿ ③ ＿＿＿ ④ ＿＿＿ through the door.

　　　　　　　　　　　　　　　　　　　　　　　　　　　　　　　[兵庫県]

　　[ア big　　イ to　　ウ may　　エ too　　オ go　　カ be]

　　③〔　　　〕　　④〔　　　〕

正答率

4 次の（　）内の語を最も適当な形に直して書きなさい。　[千葉県]　58%

A： Which is Naomi's new bicycle?

B： The red one is (she).

5 次の文の（　）に入る最も適当な語を，あとの**ア〜エ**からそれぞれ１つずつ選び，記号で答えなさい。　69%

(1)　　Ichiro： How is your new life in Miyagi?

Ms. Smith： It's very nice. My neighbors are very (　　) to me.

[宮城県]

ア long　　イ kind　　ウ tired　　エ expensive　〔　　〕

思考力 (2) On the last day, I was able to talk to customers a little better. My English wasn't (　　), but when a few customers who didn't speak Japanese came, I helped them in English.　[埼玉県]　64%

ア poor　　イ perfect　　ウ difficult　　エ important　〔　　〕

超重要 (3) One of them took care of children. The (　　) student visited a small village and *dug a *well for people living there.　[香川県]

(注)　dug：dig（掘る）の過去形　　well 井戸

ア another　　イ other　　ウ one　　エ others　〔　　〕

分詞

正答率

6 次の文の（　）内の語句を並べかえて，文を完成させなさい。

(1) A： The (your / dinner / by / sister / cooked) was good.　74%

B： She'll be happy to hear that.　[秋田県]

(2) A： Look at this picture. The girl (is / under / sitting / the tree) my sister.　55%

B： Oh, she really looks like you.　[愛媛県]

差がつく (3) A： What are you trying to find on the Internet?

B： I'm trying to find (languages / in / used / the number / the world / of).　[兵庫県]

4 関係代名詞／比較

解答・解説｜別冊 p.5

関係代名詞

入試メモ 語順整序の問題のほか，長文の中でもよく見られる。主格と目的格の見極めが重要。

出題率 59.4%

ランク 1

正答率

1 次の文の（　）内の語句を並べかえて，文を完成させなさい。

(1) **A**: I think the writer is smart.

B: Why do you think so?

A: Because the book (is / she / last year / which / wrote) very popular with people of all ages.　[沖縄県]

思考力 (2) **Fred**: (who / the student / I / came / met / haven't) from Japan yet. Have you?

Susan: Yes. I saw her in the hallway yesterday. She was speaking English very well.　[山形県]
■ 52%

(3) **A**: Do you remember the first (brother / word / said / younger / your)?

B: Yes. It was "No."　[千葉県]
■ 28%

差がつく (4) （昼休みの教室で）

Megumi: I'm really looking forward to going on the school trip next week.

Jane: Me, too. Are you ready for the school trip?

Megumi: Yes. Oh, my mother said, "It will be cold next week."

Jane: Really? Then we need jackets. Is (should / anything / there / we / else) bring with us on the school trip?

Megumi: I think that's OK. Let's have fun.　[岐阜県]
■ 24%

(5) **A**: Did you enjoy your vacation?

B: Yes! I went to Hokkaido. These are (I / there / the / took / pictures).

A: Oh, they're beautiful!　[山口県]

難 (6) A *member of the student council (us / he / showed / an interesting story) found in the newspaper.　[宮城県]

（注）　member of the student council 生徒会役員
□ 11%

比較

正答率

2 次の文の（　　）に入る最も適当な語句を，あとの**ア**〜**エ**からそれぞれ 1 つずつ選び，記号で答えなさい。

(1) Yoshio has two brothers and he is the（　　）of the three.　[神奈川県]
　　ア younger than　　**イ** youngest　　**ウ** young　　**エ** as young 〔　　　〕　　■91%

(2) When did the cat become as（　　）?　[神奈川県]
　　ア the big cat　　　　　　　**イ** big as its mother
　　ウ bigger than its mother　　**エ** the biggest of the three 〔　　　〕

(3) **A :** What season do you like?
　　B : I like summer. I love swimming in the sea. How about you?
　　A : I like spring the（　　）of all seasons. The flowers are beautiful.
　　B : I see.　[岩手県]
　　ア much　　**イ** more　　**ウ** better　　**エ** best 〔　　　〕

思考力▷(4) A long time ago, a Chinese *emperor thought that there were many bad things in water. He believed it was（　　）to drink *boiled water because it was *safe.　[千葉県]　　■60%
　　(注) emperor 皇帝　　boiled 沸騰させた　　safe 安全な
　　ア better　　**イ** newer　　**ウ** harder　　**エ** stronger 〔　　　〕

3 次の文の（　　）内の語句を並べかえて，文を完成させなさい。ただし，(1)には不要な語が 1 語ある。

超重要▶(1) **A :** Atsushi,（ like / better / which / you / have / do ）, spring or fall?　　■79%
　　B : I like fall better.　[神奈川県]

_____

(2) **A :** I want a cat as a pet. Cats are so cute, aren't they?
　　B : Yes, but（ more / dogs / than / popular / are ）cats in Japan. [富山県]

_____

超重要▶(3) **A :** What（ like / do / the / you / subject ）best?　　■64%
　　B : I like science.　[秋田県]

_____

(4) Now I think starting to（ is / most / do / important / something / the ）to me.　[香川県]

_____

難▷(5) However, I've found that the electricity（ much / makes / made / solar panels / more / their lives / by ）convenient.　[埼玉県]

_____

英語　数学　理科　社会　国語

17

熟語・助動詞・会話表現

熟語

入試メモ 出題率の高い項目。ふだんから熟語の知識量を増やすようにこころがけよう。

出題率 77.1%　ランク 1

正答率

1 次の文の（　）に最も適当な語を入れ，それぞれが自然な会話になるようにしなさい。ただし，(2)の⑤，⑥は（　）内に示された文字で書き始めなさい。

(1)　**A :** Lisa's house is close to this park. ①（　　　　） don't we play together with Lisa?

　　B : Sure. Before that, I want to return home and bring some drinks. It'll take a few minutes. Can you wait here ②（　　　　） a while?

　　A : Yes, of ③（　　　　）. 〔宮崎県〕

　　①＿＿＿＿＿＿＿＿　　②＿＿＿＿＿＿＿＿　　③＿＿＿＿＿＿＿＿

①66%
②57%
③70%

思考力 (2)　**Nami :** This city ④（　　　　） ⑤（ f　　　　） for its women's *marathon. Every year, many women come from all over Japan and other countries to run in the marathon.

　　Paul : I see. Now, I want to run in the marathon, but I can't join it because I am a man.

　　Nami : Don't worry, Paul. A ten-kilometer *race is also held. The race is for ⑥（ b　　　　） men ⑦（　　　　） women. Let's run in the race together next year.

　　Paul : Oh, that's a very good idea. I'll practice hard to win the race!

（注） marathon マラソン　　race レース 〔愛知県〕

④＿＿＿＿＿＿＿＿　⑤＿＿＿＿＿＿＿＿　⑥＿＿＿＿＿＿＿＿　⑦＿＿＿＿＿＿＿＿

2 次の文の（　）内の語句を並べかえて，文を完成させなさい。

超重要 (1)　Mr. Brown was so (that / we / kind) enjoyed communication in English very much. 〔新潟県〕

＿＿＿＿＿＿＿＿＿＿＿＿＿＿＿＿＿＿＿＿＿＿＿＿＿＿＿＿＿＿＿＿＿

(2)　**A :** Did you watch the soccer game last night?

　　B : Yes. It was exciting. (at / bed / I / to / one / went) o'clock. 〔富山県〕

＿＿＿＿＿＿＿＿＿＿＿＿＿＿＿＿＿＿＿＿＿＿＿＿＿＿＿＿＿＿＿＿＿

81%

(3)　**A :** I want to buy something for my mother's birthday.

　　B : There (front / in / a flower shop / is) of the station. You can buy beautiful flowers there. 〔愛媛県〕

＿＿＿＿＿＿＿＿＿＿＿＿＿＿＿＿＿＿＿＿＿＿＿＿＿＿＿＿＿＿＿＿＿

58%

助動詞

正答率

3 次の文の（　　）内の語を並べかえて，文を完成させなさい。

(1) **A :** Excuse me. How (to / I / get / can) Wakaba Station?

　　B : Go straight for about five minutes. It's on your left. 　　[山口県]

(2) **A :** Do you think I can read this English book?

　　B : Yes. I think you can. You (difficult / to / don't / know / have / words). Try to understand the *outline of the story. 　　[兵庫県]

　　(注)　outline　概要

会話表現

正答率

4 次の文の（　　）に入る最も適当な語句や文を，あとの**ア〜エ**からそれぞれ 1 つずつ選び，記号で答えなさい。

思考力

(1) **A :** Hi, Ted and Ken. Where are you going?

　　B : We are going to go to the park to play soccer.

　　A : Oh, really? (　　　　) go with you?

　　B : Sure. Let's go. 　　[岩手県]

　　ア May I　　**イ** Can you　　**ウ** Should they　　**エ** Will it　　［　　　　］

(2) **A :** May I help you?

　　B : Yes. I want a hat.

　　A : OK. (　　　　) 　　[北海道]

　　ア How about this one?　　**イ** You'll help me a lot.

　　ウ How much is this cap?　　**エ** You can come another day. ［　　　　］

(3) **Mark's mother :** Oh, Mark left his tennis racket.

　　Mark's father : Really? I think he needs it for his club activity after school today.

　　Mark's mother : Yes. (　　　　)

　　Mark's father : All right, I will do that. 　　[岐阜県]

　　ア Can you take it to him, please?　　**イ** Could you send him to school?

　　ウ May I use it at school?　　　　　**エ** Can you bring it home, please?

　　　　　　　　　　　　　　　　　　　　　　　　　　　　［　　　　］ ■50%

5 次の日本語を英語になおしなさい。 　　[愛媛県]

　　私もそう思います。 ■58%

19

6 語句の補充・文を完成させる問題

解答・解説│別冊p.8

適切な語句・文を補う問題

入試メモ 読解問題では，必ず出題される問題。選択型の出題のほか，記述型の出題も見られる。

出題率 100% ランク 1

正答率

1 次の文の（　　）に最も適当な語を入れ，それぞれが自然な会話になるようにしなさい。

超重要

[鳥取県]

(1) **Tom :** Your English is very good. How do you study English?

　Kana : I watch English news（　　　）the Internet. _____

48%

(2) **A woman :** How（　　）does it take to go to the city museum from here by bus?

　A student : About ten minutes. _____

66%

(3) **John :** What did you borrow from the library?

　Naoto : *Botchan.* It is the book（　　　）by Soseki Natsume. He is one of the most famous writers in Japan. _____

70%

2 次の会話文の□□□に入る適当なものを，あとの**ア〜エ**からそれぞれ１つずつ選び，記号で答えなさい。

[兵庫県]

61%

A : Hello, Ms. Green. For the *presentation in your class, I want to talk about recycling in Japan. What do you think?

B : Well, it's not bad, but I think almost everyone already knows about it. ①

A : That's a good idea. But I only have five minutes for the presentation, so I think I can talk about only one country. I will *compare it with Japan.

B : I see. I think it'll be a good presentation.

A : I'll need to practice a few times. ② before the class?

B : Of course. I'll be happy to do that.

(注) presentation プレゼンテーション　　compare 比較する

思考力 ① **ア** How about showing some examples of recycling in Japan?

　イ How are you going to learn about recycling in other countries?

　ウ Why don't you talk about recycling in other countries, too?

　エ Why do you want to talk about recycling in Japan?

② **ア** Shall I start the presentation

　イ Will you listen to my presentation

　ウ May I see your presentation

　エ Can you understand my presentation

①〔　　　　〕　　②〔　　　　〕

英文を日本語で説明する問題

 英文の一部について日本語で説明する問題。全文を書く問題のほか、空所補充型もある。

出題率 35.4% ランク 2

正答率 18%

3 次の英文を読んで、あとの問いに答えなさい。 [栃木県]

　Today, people around the world grow and eat tomatoes.　When you grow tomatoes, you should remember *at least two points.　First, you have to be careful when you give tomatoes water.　Too much water often makes them *dead.　Second, a lot of strong light from the sun is necessary for tomatoes.　If you keep <u>these points</u> in mind, you can grow tomatoes even in *extremely hot and dry places such as a *desert.

（注）　at least 少なくとも　　dead 枯れた　　extremely 極端に　　desert 砂漠

問　下線部の指す内容は何か。具体的に2つ日本語で書きなさい。

内容に合う英文を完成させる問題

 空所補充型の出題がほとんど。記述式のほか、選択式の出題も見られる。

出題率 32.3% ランク 3

正答率

4 次の英文を読んで、あとの問いに答えなさい。 [石川県]

差がつく

　It was the *morning assembly of Shiori's class.　Mr. Yoshida, the homeroom teacher, said to the students, "There will be an English speech contest for junior high school students next month.　If you want to join, please tell me by this weekend."

　During the lunchtime break, Shiori talked with her classmates about the contest.　She said, "I'm interested in joining the speech contest.　Do you think I can do it?"　Mika, her best friend, said, "Of course!　You are really good at English, so you will make a wonderful speech!"　"Oh, thank you," Shiori said, "but please give me your comments when I finish writing the *script."　"Sure," Mika and the other students said.　So, she made up her mind.　After school, <u>she visited Mr. Yoshida and told him about it.</u>

（注）　morning assembly 朝の会　　script 原稿

問　下線部について、その具体的な内容を次のように書き表すとすれば、（　　）にどのような英語が入るか、4語以上の英語で書きなさい。

Shiori went to Mr. Yoshida and said, "（　　　　）."

7 内容に沿って答える問題

解答・解説 | 別冊p.9

内容正誤問題

 1つだけでなく，正答を複数選ぶこともあるので注意すること。

 出題率 89.6%

 ランク 1

正答率

1 次の英文を読んで，あとの問いに答えなさい。

[群馬県・改]

超重要

Kevin : Everything looks *delicious! What's this, Sota?

Sota : This is *chirashizushi.

Kevin : Chirashizushi? I've never seen it before. Do you often eat it?

Sota : Yes. My mother usually makes it when we have happy events.

Kevin : Interesting! Can I have some?

Sota's mother : Of course. Please try it.

Kevin : Oh, it's really delicious! I really like Japanese food.

Sota : What Japanese food do you like?

Kevin : I like sushi the best. I sometimes go to a sushi restaurant in Canada with my family.

Sota : Is Japanese food popular in Canada?

Kevin : Yes, it is. There are many Japanese restaurants in my city.

Sota : Why do *Canadian people like Japanese food so much?

Kevin : Let's see. Canadian people think Japanese food is good for their health. It is *well-balanced because many kinds of food are used in Japanese dishes.

Sota's mother : That's one good point about Japanese food. And Japanese food has another good point. Some traditional Japanese dishes look beautiful, so we can enjoy them with our eyes.

Sota : I agree. When I went to Kyoto with my family, we enjoyed very beautiful Japanese dishes. Some of them were *decorated with flowers. They were so beautiful that I took a lot of pictures. Here are some of the pictures.

(注) delicious おいしい　chirashizushi ちらしずし　Canadian カナダの
well-balanced バランスのとれた　decorated with ~ ~で飾られた

問 本文の内容と合っているものを，次のア～オから2つ選び，記号で答えなさい。

ア Kevin has eaten chirashizushi in Canada before.

イ Sota's mother made Canadian dishes with Sota and Kevin.

ウ Kevin and his family have been to a sushi restaurant in Canada.

エ In Kyoto, Sota enjoyed dishes decorated with flowers.

オ Sota took many pictures of his friends in Kyoto.

[　　　][　　　]

22

英語の問いに英語で答える問題

 文を書く場合は，条件のある／なしをしっかり確認し，ある場合は必ずそれを守ること。

2
思考力

JunkoとYasukoは，Lucyを浅草に連れて行ったが，計画通りに町を案内できずJunkoは納得できなかった。次の英文を読んで，あとの問いに答えなさい。

[東京都]

正答率 ▆▭50%

After Junko got home, she told her older brother, Kazuo, about the visit. He said, "You didn't want to go to that shop at first, but you did. Why?" "I hope Lucy would enjoy the visit to the shop," she answered. He said, "*Schedules are important, but it is also important to be *flexible. You don't have to follow a schedule all the time."

(注) schedule 計画　flexible 柔軟な

問　本文の内容から考えて，次の問いの答えとして最も適当なものを，あとの**ア**〜**エ**から１つ選び，記号で答えなさい。

What did Junko's brother say about a schedule?

ア He said that making a schedule was more important than being flexible.

イ He said that Lucy had to put the food *replica shop on a new schedule.

ウ He said that she didn't have to follow a schedule all the time.

エ He said that she had to make a new schedule with Yasuko.

(注) replica 複製

〔　　　　　　　〕

指示語の内容を答える問題

 英文中に指示語があるときは，それが何をさすのかを意識しながら読むようにしよう。

3
思考力

萌（Moe）が英語の授業で行った和紙（*washi*）に関するスピーチの原稿の一部を読んで，あとの問いに答えなさい。

[大阪府・改]

正答率

I became interested in *washi,* so I read some books about *washi.* I found many interesting things. I'll tell you one of <u>them</u>. *Washi* is used for making clothes. I was surprised to know this. The clothes made with *washi* have many good points.

問　本文中の下線部themの表している内容に当たるものとして最も適しているひとつづきの**英語３語**を，本文中から抜き出して書きなさい。

〔　　　　　　　〕

英作文

場面・条件に合う英文を書く問題

入試メモ 場面や条件が言葉で示される場合のほか，絵で示される場合もある。

出題率 **91.7%** ランク **1**

正答率

1
思考力

次の(1)，(2)のイラストについて，自然な会話になるように（ a ），（ b ）に入る適当な表現をそれぞれ3語以上の英語で書きなさい。2文以上になってもかまいません。なお，会話は①〜④の順に行われています。（.，?! などの符号は語数に含めません。）

[島根県]

(1)
① Mr. Baker.
② Yes.
③ （ a ）
④ Sure. Here you are.

(2)
① I'm looking for a Japanese fan.
② We have two sizes.
③ （ b ）
④ I'll take the smaller one.

(1) _____

(2) _____

2
思考力

達也（Tatsuya）さんは，留学生のジョージ（George）さんと話をしています。それぞれの場面に合う対話になるように（　　）内に**3語以上**の英語を書きなさい。なお，対話は①から⑨の順に行われています。

[富山県]

① How was your weekend?
② I went to Tokyo with my family. I had a good time there.
③ （　　　　　　　　）?
④ I went to a *space museum. I learned many things and bought a book about space there.
⑤ That's good.
⑥ This is for you. It's "Space Tea."
⑦ Wow. "Space Tea." （　　　　　　）. Thank you.
⑧ Hi, Tatsuya! The "Space Tea" was good. I became interested in space too. （　　　　　）?
⑨ Of course.

The next day

*space 宇宙

③ _____

⑦ _____

⑧ _____

自分の考えを書く問題

 入試メモ 賛成か反対かを明らかにしてから，その理由を答える問題が多く見られる。

 出題率 74.0%
 ランク 2

正答率

3
差がつく

あなたのクラスでは，英語の授業で外国語の勉強方法について話し合うことになりました。次の指示にしたがって，あなたの意見を書きなさい。 ［大分県］

指示

○Mary 先生の意見に答える内容になること。
○あなたの意見の ① には，下線部について賛成か反対かの立場がわかるように英語を入れること（1語でなくてもよい）。
○ ② ， ③ には， ① と考える理由を，それぞれ主語と動詞を含む5語以上の英語で書くこと。

Mary 先生の意見

 If you want to learn a foreign language, you should learn it in a foreign country. What do you think about my *opinion?

（注） opinion 意見

あなたの意見

I ① . I have two reasons.
First, ② .
Second, ③ .

① _____

② _____

③ _____

語順整序

入試メモ 記号をすべて書く問題，指定された箇所の記号のみ書く問題，英語を書く問題などがある。

 出題率 58.3%
 ランク 3

正答率

42%

4
差がつく

次の英文が成り立つように，（ ）内の語句を正しく並べかえ，その順に記号を書きなさい。

(1) **A**：What （ **ア** is / **イ** your / **ウ** spoken / **エ** language / **オ** in) country?
B：English and French. ［千葉県］

〔 〕

(2) They （ **ア** so good / **イ** a lot of / **ウ** that / **エ** were / **オ** ate / **カ** I) them. ［茨城県］

〔 〕

英語

数学

理科

社会

国語

リスニング

QRコードを読み取って，音声を聞きましょう。

解答・解説｜別冊p.12

英語の質問に答える問題

入試メモ 質問の答えを選択する問題が多いが，英語で答える問題が出題されることもある。

 出題率 89.6% ランク 1

正答率

1 対話とそれについての質問を聞いて，答えとして最も適当なものを，次の**ア〜エ**からそれぞれ１つずつ選び，記号で答えなさい。
〈鳥取県〉
◁)) 1

(1) What will he do at Kanda-cho Station?　47%
　　ア　He will take the Chuo Line.
　　イ　He will change trains.
　　ウ　He will go to the Kokusai Center.
　　エ　He will get on the bus.　〔　　　〕

(2) What does Makiko want to do?　57%
　　ア　She wants to call her mother.
　　イ　She wants to call Naomi again.
　　ウ　She wants Naomi to leave a message.
　　エ　She wants Naomi to call her back.　〔　　　〕

2 太一が留学生との体験について書いた英文とそれについての質問を聞いて，答えとして最も適当なものを，次の**ア〜エ**からそれぞれ１つずつ選び，記号で答えなさい。
◁)) 2
差がつく
〈北海道〉

(1) ア　People in the festival.　58%
　　イ　The New Zealand traditional dance.
　　ウ　The Japanese traditional dance.
　　エ　People in other countries.　〔　　　〕

(2) ア　For ten years.　43%
　　イ　In five years.
　　ウ　Ten years later.
　　エ　For a month.　〔　　　〕

(3) ア　He wants to go abroad to study the cultures of other countries.　50%
　　イ　He wants to tell people in foreign countries about Japanese culture through his dance.
　　ウ　He wants to go to foreign countries to learn his country's traditional sport.
　　エ　He wants to go abroad to tell people about Japanese culture with his sport.　〔　　　〕

イラスト・図表を選ぶ問題

入試メモ　放送される内容に合うものを選ぶ問題や，内容についての質問の答えを選ぶ問題が出題される。

出題率 80.2% ランク 2

正答率

3 〔◁)) 3

(1) JamesとMaryの対話を放送し，対話に続けて質問をします。質問の答えとして最も適当なものを，次の**ア**〜**エ**から1つ選び，記号で答えなさい。　　[山梨県]

〔　　　　〕

(2) これから，JohnとMegumiとの対話を放送します。Megumiが次の日曜日に予定していることを表した絵として最も適当なものを，次の**ア**〜**エ**から1つ選び，記号で答えなさい。　　[鹿児島県]

〔　　　　〕

対話の応答を答える問題

入試メモ　選択肢から選ぶ問題が多いが，英語で答える問題が出題されることもある。

出題率 58.3% ランク 3

正答率

4 〔◁)) 4

対話を聞いて，最後の文に対する受け答えとして最も適当なものを，次の**ア**〜**エ**からそれぞれ1つずつ選び，記号で答えなさい。　　[千葉県]

(1)　**ア**　Me, too.
　　イ　So-so.
　　ウ　Thank you.
　　エ　Too bad.　　　　　　　　　　〔　　　　〕

91%

(2)　**ア**　What's wrong?
　　イ　You're welcome.
　　ウ　How are you?
　　エ　You, too.　　　　　　　　　　〔　　　　〕

78%

(3)　**ア**　For fifteen minutes.
　　イ　I walked.
　　ウ　Because I had to.
　　エ　I'm fine.　　　　　　　　　　〔　　　　〕

86%

数の計算

解答・解説 | 別冊 p.15

正負の数の計算

入試メモ 計算の順序や符号などでミスが多い。普段から答えの確かめを心掛けよう。

出題率 100% ランク 1

正答率

1 次の計算をしなさい。

(1) $-5+(-9)$ 　　[宮崎県]
(2) $-16+11$ 　　[三重県]

〔　　　　〕　　　〔　　　　〕

(3) $3-(-5)$ 　　[奈良県]
(4) $\dfrac{1}{5}-\dfrac{2}{3}$ 　　[山口県]

〔　　　　〕　　　〔　　　　〕

(5) $-3-(-8)+1$ 　　[山形県]
(6) $4-2+(-5)$ 　　[香川県]

〔　　　　〕　　　〔　　　　〕

(1) 98%
(2) 93%
(3) 96%
(5) 96%

2 次の計算をしなさい。

(1) $6\times(-7)$ 　　[福島県]
(2) $12\times\left(-\dfrac{3}{8}\right)$ 　　[佐賀県]

〔　　　　〕　　　〔　　　　〕

(3) $(-56)\div(-8)$ 　　[広島県]
(4) $\dfrac{4}{5}\div\left(-\dfrac{6}{5}\right)$ 　　[山梨県]

〔　　　　〕　　　〔　　　　〕

(5) $4\times(-3)^2$ 　　[奈良県]
(6) $\left(-\dfrac{2}{3}\right)^2$ 　　[大阪府]

〔　　　　〕　　　〔　　　　〕

(7) $(-7)\div(-5)\times10$ 　　[宮城県]
(8) $(-4)\times(-5)+2\times(-3^2)$ 　　[茨城県]

〔　　　　〕　　　〔　　　　〕

(1) 100%
(3) 97%
(4) 94%
(5) 97%
(6) 69%
(7) 85%

数と式の利用

入試メモ 数の関係や性質を文字を使って説明する問題が近年増加傾向にある。

出題率 68.8%　ランク 2

正答率

3 次の問いに答えなさい。

超重要

(1) x kmの道のりを時速4kmの速さで歩いたとき，かかった時間をxを使った式で表しなさい。　　　　　　　　　　　　　　　　　　　　　　　　[富山県]

〔　　　　　　　〕

(2) 自然数aを自然数bでわると，商が2で余りが3となった。このとき，aをbを使った式で表しなさい。　　　　　　　　　　　　　　　　　　　　[山口県]

〔　　　　　　　〕

(3) あるお店にすいかとトマトを買いに行った。このお店では，すいか1個をa円の2割引きで，トマト1個をb円で売っていて，すいか1個とトマト3個をまとめて買ったところ，代金の合計は1000円より安かった。この数量の関係を不等式で表しなさい。　　　　　　　　　　　　　　　　　　　　　　　　[熊本県]

〔　　　　　　　　　　　〕

4 次の説明は，「3でわって1余る数と3でわって2余る数の和は，3の倍数になる」ことのわけを述べたものの一部である。このとき，□□にあてはまる数，式，言葉を書き，説明を完成させなさい。　　　　　　　　　　　　　　　　　[岩手県]

思考力

（説明）
　m，nを整数とすると，3でわって1余る数，3でわって2余る数は，それぞれ$3m+1$，$3n+2$と表すことができる。

　　　　　　　　　　　　　　　　　　　　　　　　　　　　　　　

　したがって，3でわって1余る数と3でわって2余る数の和は，3の倍数になる。

〔
　　　　　　　　　　　　　　　　　　　　　　　　　　　　　　　
〕

規則性

入試メモ 表などから変化の規則性をおさえ，1番目，2番目，…，n番目を考えるとよい。

出題率 29.2%　ランク 3

正答率 ■□39%

5 下の図のように，1辺の長さが5cmの正方形の紙n枚を，重なる部分がそれぞれ縦5cm，横1cmの長方形となるように，1枚ずつ重ねて1列に並べた図形をつくる。正方形の紙n枚を1枚ずつ重ねて1列に並べた図形の面積をnを使って表しなさい。　　　　　　　　　　　　　　　　　　　　　　　　　　　　　　　[三重県]

差がつく

1cm
5cm
　…………

正方形の紙n枚を1枚ずつ重ねて
1列に並べた図形

〔　　　　　　　〕

2 平方根・式の計算

解答・解説 | 別冊 p.15

平方根

入試メモ 平方根の計算では，根号の中の値をできるだけ小さくすることを第一に考えよう。

出題率 **96.9**%　ランク **1**

正答率

1 次の計算をしなさい。
超重要

(1) $6\sqrt{3}+\sqrt{27}$ 　[長崎県]　(2) $\sqrt{50}-\sqrt{72}$ 　[富山県]

(1) ■■97%

(3) $\sqrt{12}+\sqrt{48}-\sqrt{3}$ 　[長野県]　(4) $3\sqrt{8}-\sqrt{50}+\sqrt{18}$ 　[大分県]

(3) ■■90%

2 次の計算をしなさい。
超重要

(1) $\dfrac{15}{\sqrt{3}}+\sqrt{48}$ 　[静岡県]　(2) $\sqrt{90}+\dfrac{60}{\sqrt{10}}$ 　[熊本県]

(1) ■■89%

(3) $\dfrac{30}{\sqrt{6}}-\sqrt{24}$ 　[山形県]　(4) $\sqrt{45}-\dfrac{5}{\sqrt{5}}$ 　[茨城県]

(3) ■■89%

(5) $\sqrt{63}+\dfrac{2}{\sqrt{7}}-\sqrt{28}$ 　[京都府]　(6) $\dfrac{\sqrt{75}}{3}+\sqrt{\dfrac{16}{3}}$ 　[熊本県]

3 次の計算をしなさい。

(1) $\sqrt{48}\div\sqrt{2}\div(-\sqrt{3})$ 　[福井県]　(2) $\sqrt{60}\div\sqrt{5}+\sqrt{27}$ 　[鹿児島県]

(2) ■■79%

(3) $\sqrt{5}\times\sqrt{10}-\sqrt{8}$ 　[新潟県]　(4) $\dfrac{12}{\sqrt{2}}+\sqrt{6}\times\sqrt{3}$ 　[高知県]

(3) ■■89%
(4) ■■83%

式の計算

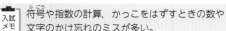

正答率

4 次の計算をしなさい。

超重要

(1) $5xy^2 \times 8xy$ ［山梨県］　(2) $12ab \times \dfrac{2}{3}a$ ［岡山県］

[　　　　　]　　　　　[　　　　　]

(3) $10ab \div (-2a)$ ［岩手県］　(4) $12ab \div \dfrac{3}{4}b$ ［岐阜県］

[　　　　　]　　　　　[　　　　　]

(5) $18x^2y \div 6x \times (-2y)$ ［愛媛県］　(6) $6x^4 \div (-3x^2) \div 3x$ ［福島県］

[　　　　　]　　　　　[　　　　　]

(7) $12a^2b^2 \div (-6ab) \div \dfrac{1}{2}ab$ ［奈良県］　(8) $6ab \times (-3ab)^2 \div 27ab^2$ ［愛知県］

[　　　　　]　　　　　[　　　　　]

(1) 94%
(2) 92%
(4) 88%
(5) 89%
(6) 73%
(7) 72%

5 次の計算をしなさい。

超重要

(1) $\dfrac{1}{4}a - \dfrac{5}{6}a + a$ ［滋賀県］　(2) $3x - 9y + 5x + 4y$ ［大阪府］

[　　　　　]　　　　　[　　　　　]

(3) $2(3x+y) + (4x-y)$ ［広島県］　(4) $5(a-b) - 2(2a-3b)$ ［福井県］

[　　　　　]　　　　　[　　　　　]

(2) 83%
(3) 87%

6 次の計算をしなさい。

(1) $\dfrac{x-2}{2} + \dfrac{2x+1}{3}$ ［富山県］　(2) $2x - y - \dfrac{x-y}{5}$ ［長野県］

[　　　　　]　　　　　[　　　　　]

(3) $\dfrac{2}{3}(5a-3b) - 3a + 4b$ ［千葉県］　(4) $\dfrac{3x-2y}{7} - \dfrac{x+y}{3}$ ［静岡県］

[　　　　　]　　　　　[　　　　　]

(2) 72%
(3) 72%
(4) 92%

英語
数学
理科
社会
国語

3 式の展開と因数分解

解答・解説 | 別冊 p.16

式の展開

入試メモ 乗法公式を使った展開の計算問題がほとんどを占める。公式は覚えておくこと。

出題率 51.0%　ランク 1

正答率

1 次の計算をしなさい。
〔超重要〕

(1) $(9a^2-6a)\div 3a$ ［沖縄県］ (2) $(x+4)^2$ ［栃木県］

(2) 93%

〔　　　　　〕　〔　　　　　〕

(3) $(x-3)(x+8)$ ［大阪府］ (4) $(2x+5)(x-1)$ ［沖縄県］

(3) 80%

〔　　　　　〕　〔　　　　　〕

2 次の計算をしなさい。

(1) $(x+4)(x+5)-(x+3)(x-3)$ ［奈良県］

82%

〔　　　　　〕

(2) $x(x+2y)-(x+3y)(x-3y)$ ［和歌山県］

〔　　　　　〕

(3) $(x+3)^2-2(x+3)$ ［奈良県］

84%

〔　　　　　〕

3 次の計算をしなさい。
〔超重要〕

(1) $(\sqrt{3}-2\sqrt{5})^2$ ［三重県］ (2) $(\sqrt{7}+2)(\sqrt{7}-2)$ ［山口県］

(1) 59%

〔　　　　　〕　〔　　　　　〕

(3) $(\sqrt{3}+1)(3-\sqrt{3})$ ［香川県］ (4) $(\sqrt{3}+1)^2-2(\sqrt{3}+1)$ ［愛知県］

〔　　　　　〕　〔　　　　　〕

(5) $(2+\sqrt{2})^2-\sqrt{18}$ ［山形県］ (6) $(1-\sqrt{2})^2+\dfrac{6}{\sqrt{2}}$ ［大阪府］

(5) 78%
(6) 69%

〔　　　　　〕　〔　　　　　〕

因数分解

 因数分解は，2次方程式の解法につながるので，マスターしておくこと。

正答率

4 次の式を因数分解しなさい。

超重要

(1) x^2-6x [栃木県] (2) x^2+x-12 [埼玉県]

[   ] [   ]

(3) x^2-9x+8 [茨城県] (4) $x^2+6x-27$ [佐賀県]

[   ] [   ]

(5) $x^2+10x+24$ [岩手県] (6) a^2-a-6 [福井県]

[   ] [   ]

(7) x^2-16 [岩手県] (8) x^2-4y^2 [福井県]

[   ] [   ]

(1) ▮▮□ **73**%
(2) ▮▮▮ **86**%

5 次の式を因数分解しなさい。

差がつく

(1) $(x+3)(x-5)+2(x+3)$ [千葉県] (2) $(x+2)^2+(x+2)-12$ [熊本県]

[   ] [   ]

(3) $2x^2-18$ [北海道] (4) $2x^2-8x-10$ [香川県]

[   ] [   ]

(5) $ax^2-12ax+27a$ [京都府] (6) x^2y-xy [徳島県]

[   ] [   ]

(1) ▮▮□ **79**%
(3) ▮▮□ **64**%

6 次の問いに答えなさい。

(1) $x=-16$ のとき，x^2+x-20 の値を求めなさい。求め方も書くこと。 [山形県]

[   ]

(2) $x=\sqrt{5}+1$ のとき，x^2-2x+1 の値を求めなさい。 [茨城県]

[   ]

差がつく (3) $x=\sqrt{5}+\sqrt{2}$，$y=\sqrt{5}-\sqrt{2}$ のとき，x^2y-xy^2 の値を求めなさい。 [岐阜県]

[   ]

(1) ▮▮▮ **88**%

□ **23**%

4 方程式の解法

解答・解説｜別冊 p.18

2次方程式

入試メモ　解の公式で解く問題が多い。2次方程式は，関数や図形などでもよく利用される。

出題率 90.6%　ランク 1

正答率

1 次の2次方程式を解きなさい。

(1) $(x-4)^2=7$　[徳島県]　(2) $(x-1)^2-2=0$　[石川県]

[　　　]　[　　　]

(3) $x^2+x-9=0$　[東京都]　(4) $x^2-8x-7=0$　[新潟県]

[　　　]　[　　　]

(3) 69%
(4) 58%

(5) $3x^2-5x+1=0$　[山梨県]　(6) $2x^2-x-2=0$　[三重県]

[　　　]　[　　　]

(5) 79%
(6) 72%

2 超重要　次の2次方程式を解きなさい。

(1) $x^2+12x+35=0$　[東京都]　(2) $x^2-5x+6=0$　[秋田県]

[　　　]　[　　　]

(1) 91%
(2) 78%

(3) $x^2+6x-16=0$　[島根県]　(4) $x^2-x-20=0$　[宮城県]

[　　　]　[　　　]

(4) 79%

(5) $x^2-6x-27=0$　[大阪府]　(6) $x^2+3x-18=0$　[滋賀県]

[　　　]　[　　　]

(5) 78%
(6) 77%

3 次の2次方程式を解きなさい。

(1) $x^2+2x=1$　[群馬県]　(2) $2x^2+x=4x+1$　[大分県]

[　　　]　[　　　]

(3) $x(x+5)-2=0$　[長野県]　(4) $x(x+6)=3x+10$　[福岡県]

[　　　]　[　　　]

(3) 79%
(4) 87%

(5) $(x-6)(x+6)=20-x$　[静岡県]　(6) $x(x+1)=2(1-x)$　[愛知県]

[　　　]　[　　　]

(5) 76%

連立方程式

 連立方程式の解法は主に加減法と代入法の2種類があるが，大半は加減法が有効である。

 出題率 79.2%
 ランク 2

正答率

4 次の連立方程式を解きなさい。

超重要

(1) $\begin{cases} x+y=7 \\ 3x-y=-3 \end{cases}$ 　[北海道]　(2) $\begin{cases} 2x-3y=-8 \\ x+2y=3 \end{cases}$ 　[香川県]

 (1) 81%

〔　　　　　〕　　　　〔　　　　　〕

(3) $\begin{cases} 2x-3y=16 \\ 4x+y=18 \end{cases}$ 　[富山県]　(4) $\begin{cases} 7x-y=8 \\ -9x+4y=6 \end{cases}$ 　[東京都]

(4) 92%

〔　　　　　〕　　　　〔　　　　　〕

(5) $\begin{cases} 2x-5y=6 \\ x=3y+2 \end{cases}$ 　[山梨県]　(6) $\begin{cases} y=3x+8 \\ 4x+3y=11 \end{cases}$ 　[秋田県]

 (5) 86%
 (6) 87%

〔　　　　　〕　　　　〔　　　　　〕

5 次の方程式を解きなさい。

差がつく

(1) $5x+y=2x-y=7$ 　[茨城県]　(2) $6x-3y+7=4x+6y=2x+3$ 　[埼玉県]

(1) 82%

〔　　　　　〕　　　　　　　　〔　　　　　〕

1次方程式

 移項（いこう）するときやかっこをはずすときに符号（ふごう）のミスをしやすい。注意しよう。

出題率 42.7%
ランク 3

正答率

6 次の方程式を解きなさい。

超重要

(1) $2x+8=5x-13$ 　[福岡県]　(2) $5x=3(x+4)$ 　[熊本県]

(1) 93%

〔　　　　　〕　　　　　　　　〔　　　　　〕

7 次の比例式について，xの値を求めなさい。

(1) $5:(9-x)=2:3$ 　[栃木県]　(2) $3:4=(x-6):8$ 　[鹿児島県]

(1) 81%
(2) 80%

〔　　　　　〕　　　　　　　　〔　　　　　〕

英語

数学

理科

社会

国語

5 方程式の利用

連立方程式の利用

 答えだけではなく，途中の計算過程などを記述させる問題の出題が増えている。

出題率 51.0%
ランク 1

1 [超重要]

ある公園の大人 1 人の入園料は 400 円，子ども 1 人の入園料は 100 円である。ある日の開園から開園 1 時間後までの入園者数は，大人と子どもを合わせて 65 人で，この時間帯の入園料の合計が 14600 円であった。この時間帯に入園した大人と子どもの人数はそれぞれ何人か，求めなさい。

[新潟県]

正答率 ■■82%

〔　　　　　　　〕

2

ある中学校の生徒数は 180 人である。このうち，男子の 16％と女子の 20％の生徒が自転車で通学しており，自転車で通学している男子と女子の人数は等しい。このとき，自転車で通学している生徒は全部で何人か，求めなさい。

[愛知県]

〔　　　　　　　〕

3 [差がつく]

ある文具店では，鉛筆 6 本とノート 3 冊を定価で買うと，代金は 840 円である。その日は，同じ鉛筆が定価の 2 割引き，同じノートが定価の 3 割引きになっていたので，鉛筆を 10 本とノートを 5 冊買ったところ，代金は，定価で買うときよりも 340 円安くなった。鉛筆 1 本とノート 1 冊の定価を，それぞれ求めなさい。ただし，用いる文字が何を表すかを最初に書いてから連立方程式をつくり，答えを求める過程も書くこと。

[愛媛県]

■■26%

1 次方程式の利用

入試メモ 個数と代金，過不足，速さ，割合など問題は多岐にわたる。対策を怠らないこと。

出題率 28.1%　ランク 2

4
差がつく

部屋にいる生徒全員に，りんごを配る。1人8個ずつ配ると5個不足し，7個ずつ配ると9個余る。部屋にいる生徒の人数は何人か。　　　　　　　　　[広島県]

正答率 64%

〔　　　　　　　　〕

5

クラスで記念作品をつくるために1人700円ずつ集めた。予定では全体で500円余る見込みであったが，見込みよりも7500円多く費用がかかった。そのため，1人200円ずつ追加して集めたところ，かかった費用を集めたお金でちょうどまかなうことができた。記念作品をつくるためにかかった費用は何円か，求めなさい。　　[愛知県]

〔　　　　　　　　〕

6
難

下の図は，地下道の天井に取り付けられたライトの配置を模式的に表したものである。この地下道の西口から東口までの長さは186mであり，天井には，1辺が1.2mの正方形のライトが西口から東口まで4mごとの等間隔で1列に取り付けられている。このとき，ライトの個数を，方程式を使って求めなさい。ただし，方程式に用いる文字が何を表すかを最初に書き，答えを求める過程がわかるように，途中の式や計算も書くこと。　　　　　　　　　[高知県]

正答率 15%

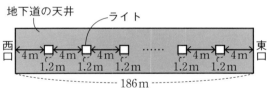

地下道の天井　　　ライト
西口　4m 1.2m 4m 1.2m 4m 1.2m ……… 4m 1.2m 4m 1.2m　東口
186m

〔

〕

2 次方程式の利用

入試メモ 解を求めたあと，答えが問題に適しているかの解の確かめが必要である。

出題率 25.0%　ランク 3

7

品物Aは，1個120円で売ると1日あたり240個売れ，1円値下げするごとに1日あたり4個多く売れるものとする。次の問いに答えなさい。　　　　　[岐阜県]

正答率

(1) 1個110円で売るとき，1日で売れる金額の合計はいくらになるか求めなさい。

70%

〔　　　　　　　　〕

(2) x円値下げするとき，1日あたり何個売れるかを，xを使った式で表しなさい。

49%

〔　　　　　　　　〕

(3) 1個120円で売るときよりも，1日で売れる金額の合計を3600円増やすためには，1個何円で売るとよいかを求めなさい。

24%

〔　　　　　　　　〕

6 関数

解答・解説 | 別冊 p.20

比例と反比例

 入試メモ　小問などで，基本的な出題が多い。表や関数の グラフ，式の特徴を押さえておくこと。

 出題率 **99.0**%

 ランク **1**

正答率

1 次の問いに答えなさい。

(1) 次の**ア～エ**のうち，y が x に比例（ひれい）するものはどれか。1つ選び，その記号を書きなさい。また，その比例の関係について，y を x の式で表しなさい。　[岩手県]

ア　1辺の長さが x cm の立方体の表面積は y cm^2 である。

イ　700 m の道のりを毎分 x m の速さで歩くと，y 分間かかる。

ウ　空の容器に毎分 3 L ずつ水を入れると，x 分間で y L たまる。

エ　ソース 50 g にケチャップ x g を混ぜると，全体の重さは y g である。

記号〔　　　〕　式〔　　　　　　　　〕

超重要▶ (2) y は x に比例し，$x=3$ のとき，$y=-6$ である。このとき，y を x の式で表しなさい。　[長崎県]

〔　　　　　　　〕　■□ 79%

超重要▶ (3) y は x に比例し，そのグラフが点 $(2, -6)$ を通る。このとき，y を x の式で表しなさい。　[福島県]

〔　　　　　　　〕　■□ 80%

2 次の問いに答えなさい。

差がつく▶ (1) y が x に反比例（はんぴれい）するものを，次の**ア～エ**から1つ選び，記号を書きなさい。　[長野県]

〔　　　　　　　〕　■□ 58%

ア　面積が 10 cm^2 の三角形の底辺 x cm と高さ y cm

イ　150 ページの本を，x ページ読んだときの残りのページ数 y ページ

ウ　1本 120 円のジュースを x 本買ったときの代金 y 円

エ　x 円の品物を 3 割引きで買ったときの代金 y 円

〔　　　　　　　〕

超重要▶ (2) y は x に反比例し，$x=3$ のとき，$y=-4$ である。y を x の式で表しなさい。　[富山県]

〔　　　　　　　〕

(3) 右の表で，y は x に反比例するとき，□ に当てはまる数を求めなさい。　[青森県]

x	-4	-2	0
y	□	3	×

〔　　　　　　　〕　■□ 73%

関数 $y=ax^2$

入試メモ 変域の問題では，変域の両端を最小・最大としてしまうミスが多い。グラフで考えること。

出題率 97.9% ランク 2

正答率

3 次の問いに答えなさい。

超重要 (1) 次の□にもっとも適する数を入れなさい。

y は x の 2 乗に比例し，$x=1$ のとき $y=2$ である。$x=3$ のとき $y=$□ である。

[沖縄県]

〔　　　　　　〕

(2) 関数 $y=\dfrac{1}{2}x^2$ について，x の値が 4 から 6 まで増加するときの変化の割合を求めなさい。

[長崎県]

〔　　　　　　〕

■■■85%

(3) 関数 $y=\dfrac{3}{2}x^2$ について，x の変域が $-1\leqq x\leqq 2$ のときの y の変域を求めなさい。

[京都府]

〔　　　　　　〕

差がつく (4) 関数 $y=ax^2$ について，x の変域が $-3\leqq x\leqq 2$ のとき，y の変域は $0\leqq y\leqq 18$ である。このとき，a の値を求めなさい。

[新潟県]

〔　　　　　　〕

■■52%

---

1 次関数

入試メモ 出題は，小問，大問などで，表，式，グラフなど多岐にわたる。

出題率 74.0% ランク 3

正答率

4 次の問いに答えなさい。

超重要 (1) 下の表は，ある 1 次関数について，x の値と y の値の関係を示したものである。表の□にあてはまる数を求めなさい。

[北海道]

■■87%

x	…	-1	0	1	2	3	…
y	…	-2	1	4	7	□	…

〔　　　　　　〕

超重要 (2) x の増加量が 2 のときの y の増加量が -1 で，$x=0$ のとき $y=1$ である 1 次関数の式を求めなさい。

[徳島県]

〔　　　　　　〕

(3) 直線 $y=-3x+2$ に平行で，点 $(1,\ -4)$ を通る直線の式を求めなさい。

[群馬県]

〔　　　　　　〕

差がつく (4) 右の図の直線 ℓ の式を求めなさい。

[鹿児島県]

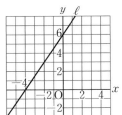

〔　　　　　　〕

■■54%

英語

数学

理科

社会

国語

7 関数の利用

1次関数の利用

入試メモ グラフと式，点の移動と図形の面積などの出題が多い。対策を立てておこう。

出題率 43.8%　ランク 1

正答率

---

1 図のような長方形ABCDがあり，点Mは辺ADの中点である。点PはAを出発して，辺上をB，Cを通ってDまで秒速1cmで動く。点Pが動き始めてからx秒後における線分PMと長方形ABCDの辺で囲まれた図形のうち，点Aを含む部分の面積を$y$cm^{2}とする。ただし，点PがAにあるときは$y=0$，点PがDと重なるときは$y=40$とする。

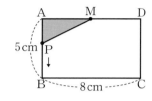

[沖縄県]

超重要 **(1)** 3秒後のyの値を求めなさい。　　　　　　　　　　　〔　　　　　　　〕

差がつく **(2)** 点Pが辺BC上を動くとき，yをxの式で表しなさい。　〔　　　　　　　〕

(3) xとyの関係を表すグラフとしてもっとも適するものを，次の**ア**〜**エ**の中から1つ選び，記号で答えなさい。

〔　　　　　　　〕

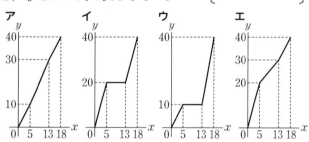

---

2 けんたさんの学校では，文化祭のチラシの印刷を印刷会社に注文することにした。次の表は，A社とB社の印刷料金を示したものである。

印刷会社	印刷料金
A社	印刷枚数が1枚目から250枚目まで，1枚あたり20円 印刷枚数が251枚目から，1枚あたり14円
B社	注文のとき，5000円 印刷枚数にかかわらず，1枚あたり10円 料金の計算式は，10×(印刷枚数)＋5000(円)

このとき，次の問いに答えなさい。

[岩手県]

(1) 右の図は，A社の印刷枚数と印刷料金の関係をグラフに表したものである。B社について，印刷料金を印刷枚数の1次関数とみなし，それを表すグラフを図にかき入れなさい。ただし，印刷枚数が0枚のとき，A社の料金は0円，B社の料金は5000円とする。

(2) A社とB社の印刷料金が等しくなるのは，印刷枚数が何枚のときか。その枚数を求めなさい。

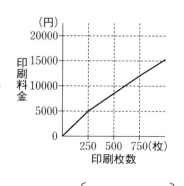

〔　　　　　　　〕

40

関数 $y=ax^2$ の利用

 入試メモ 近年，図形が重なった部分の面積を考察する問題の出題が増えている。

出題率 10.4% ランク 2

正答率

3 下の図1のように，AB＝AD＝6cm，BC＝12cm，∠DAB＝∠ABC＝90°，∠BCD＝45°の台形ABCDとPQ＝6cm，PS＝12cmの長方形PQRSが直線 ℓ 上に並んでいる。次の問いに答えなさい。　[鹿児島県]

図1

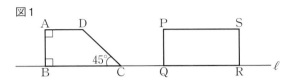

超重要 (1) 辺CDの長さは何cmか。

〔　　　　　　　　〕

■□72%

(2) 下の図2のように長方形PQRSを固定し，台形ABCDが直線 ℓ に沿って毎秒1cmの速さで矢印（→）方向に移動し，頂点Cが頂点Rと重なったとき移動が止まる。図3はその途中のようすを表したものである。頂点Cが頂点Qを通過してから x 秒後の2つの図形の重なる部分の面積を y cm² とする。次の問いに答えなさい。

図2　　　　　　図3

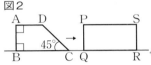　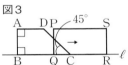

差がつく ① $x=8$ のとき，y の値を求めなさい。

〔　　　　　　　　〕

■□45%

思考力 ② 右の表は，頂点Cが頂点Qを通過してから移動が止まるまでの x と y の関係を表したものである。**ア**〜**ウ**にそれぞれあてはまる数または式を書きなさい。

x の変域	式
$0\leqq x\leqq$ **ア**	$y=$ **イ**
ア $\leqq x\leqq 12$	$y=$ **ウ**

■□38%

ア〔　　　　　〕　イ〔　　　　　〕　ウ〔　　　　　〕

難 (3) 台形ABCDの移動が止まった状態から，今度は右の図4のように台形ABCDを固定し，長方形PQRSが直線ABに沿って，毎秒2cmの速さで矢印（↑）方向に移動する。辺CDと辺QRとの交点をTとするとき，台形AQTDの面積が24cm²となるのは長方形PQRSが移動し始めてから何秒後か。ただし，長方形PQRSが移動し始めてから t 秒後のこととして，t についての方程式と計算過程も書くこと。

図4

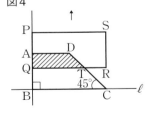

□ 3%

8 直線とグラフに関する問題

解答・解説 | 別冊 p.23

放物線と直線に関する問題

 放物線と直線の交点，三角形や平行四辺形などの図形の面積がねらわれやすい。

出題率 **64.6%** ランク **1**

正答率

1 右の図のように，関数 $y=ax^2$（a は定数）…①のグラフ上に点Aがあり，Aの座標は(4, 12)である。また，Aを通り，切片が4の直線と x 軸との交点をBとする。このとき，次の問いに答えなさい。　　　　　[熊本県]

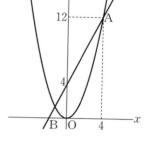

超重要 (1) a の値を求めなさい。

〔　　　　　〕

(2) 直線ABの式を求めなさい。

〔　　　　　〕

(3) 点Bの x 座標を求めなさい。

〔　　　　　〕

差がつく (4) 関数①のグラフ上において，2点O，Aの間に点Pをとる。また，x 軸上に x 座標が6である点Qをとる。△PBQの面積が△ABOの面積と等しくなるときのPの座標を求めなさい。

〔　　　　　〕

2 右の図で，点Oは原点であり，2点A，Bの座標はそれぞれ $(-4, 0)$，$(2, 0)$ である。放物線①は関数 $y=\dfrac{1}{2}x^2$ のグラフである。点Aを通り，y 軸に平行な直線をひき，放物線①との交点をCとする。また，点Bを通り，y 軸に平行な直線をひき，放物線①との交点をDとし，点Cと点Dを結ぶ。このとき，次の問いに答えなさい。　　　　　[香川県]

差がつく (1) 関数 $y=\dfrac{1}{2}x^2$ で，x の変域が $-3\leqq x\leqq 1$ のとき，y の変域を答えなさい。

〔　　　　　〕

(2) 線分CD上に点Eをとる。直線AEが台形ABDCの面積を2等分するとき，点Eの座標はいくらか。点Eの x 座標を a として，a の値を求めなさい。

〔　　　　　〕

3 右の図のように，関数$y=x^2$のグラフ上に，2点A(2，4)，B(−2，4)と$0<x<2$の範囲で動く点Cがある。点Cを通りx軸に平行な直線と，関数$y=\frac{1}{2}x^2$のグラフとの2つの交点のうち，x座標が小さいほうをDとする。このとき，次の問いに答えなさい。　[広島県]

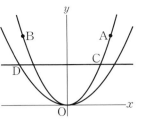

差がつく (1) 四角形BDCAが平行四辺形となるとき，線分CDの長さを求めなさい。

〔　　　　　〕

難 → (2) △BDCと△DOCの面積が等しくなるとき，直線ODの式を求めなさい。

〔　　　　　〕

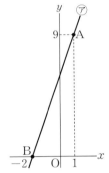

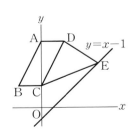

直線と図形に関する問題

入試メモ 直線と直線の交点，直線どうしが交わってできる図形の面積がねらわれやすい。

出題率 9.4%　ランク 2

4 右の図のように，関数$y=ax+b\cdots$㋐のグラフ上に2点A，Bがあり，点Aの座標が(1，9)，点Bの座標が(−2，0)である。このとき，次の問いに答えなさい。　[三重県]

超重要 (1) a，bの値を求めなさい。

a〔　　　　　〕　b〔　　　　　〕

差がつく (2) 原点をOとし，△OABを，x軸を軸として1回転させてできる立体の体積を求めなさい。ただし，円周率はπとし，座標の1目もりを1cmとする。

〔　　　　　〕

5 図で，Oは原点，四角形ABCDは平行四辺形で，A，Cはy軸上の点，辺ADはx軸に平行である。また，Eは直線$y=x-1$上の点である。点A，Bの座標がそれぞれ(0，6)，(−2，2)で，平行四辺形ABCDと△DCEの面積が等しいとき，点Eの座標を求めなさい。ただし，点Eのx座標は正とする。　[愛知県]

〔　　　　　〕

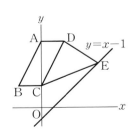

52%
14%

a 77%
b 76%
32%

図形の基本性質

解答・解説│別冊p.24

空間図形の基礎

 立体図形の求積問題は頻出。回転体や展開図がからんだ問題も出題されやすい。

出題率 86.5%　ランク 1

正答率

1 次の問いに答えなさい。

(1) 右の図に示す三角柱ABCDEFにおいて，辺DEとねじれ
の位置にある辺は全部で何本あるか答えなさい。　[福岡県]

〔　　　　　　〕

■■85%

差がつく **(2)** 右の図のように，長方形 ABCD と正方形BEFGが同じ平
面上にあり，点Cは線分BGの中点で，AB＝BE＝4cmであ
る。長方形ABCDと正方形BEFGを合わせた図形を，直線
GFを軸として1回転させてできる立体の体積を求めなさい。
　[秋田県]

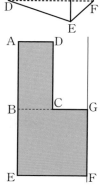

〔　　　　　　〕

(3) 右の図は半径$r$cmの球を切断してできた半球で，切断
面の円周の長さは4πcmであった。このとき，rの値を求
めなさい。また，この半球の体積は何cm³か。　[鹿児島県]

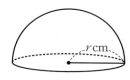

r〔　　　　　〕　　**体積**〔　　　　　〕

■■53%

2 右の図のように，底面の半径が3cm，高さ4cm，母線の長
さが5cmの円錐がある。次の(1)，(2)に答えなさい。

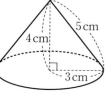

超重要 **(1)** この円錐の体積を求めなさい。　[和歌山県]

〔　　　　　　〕

(2) この円錐の展開図を作図したとき，側面のおうぎ形の形
として最も近いものを，次の**ア**〜**エ**の中から1つ選び，その記号を書きなさい。

ア　　　　　　　**イ**　　　　　　　**ウ**　　　　　　　**エ**

 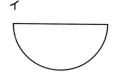 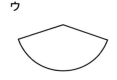

〔　　　　　　〕

作図

出題率 68.8% ランク 2

入試メモ 基本の作図の組み合わせで解決できることが多い。

3 右の図のような△ABCがある。2辺AB，ACからの距離が等しく，点Cから最短の距離にある点Pを作図によって求め，Pの記号をつけなさい。ただし，作図に用いた線は残しておくこと。

[富山県]

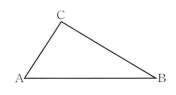

4 右の図のように，円の内部に点Aがある。円周上にある点のうち，点Aとの距離が最も長い点Pを作図によって求めなさい。ただし，作図には定規とコンパスを使い，また，作図に用いた線は消さないこと。

差がつく

[栃木県]

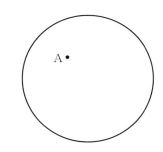

正答率 ▆44%

平面図形の基本性質

入試メモ 平行線の性質や多角形の角は，図形の合同，相似でも条件として使われる。

出題率 35.4% ランク 3

5 次の問いに答えなさい。

超重要

(1) 下の図で，2直線 ℓ，mは平行である。このとき，∠xの大きさを求めなさい。

[秋田県]

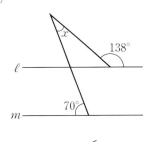

〔　　　　　〕

(2) 下の図で，∠xの大きさを求めなさい。

[石川県]

〔　　　　　〕

正答率 (1) ▆86%

(3) 右の図の三角形を，直線 ℓ を対称の軸として対称移動させた図形をかきなさい。

[岩手県]

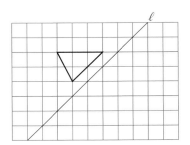

英語
数学
理科
社会
国語

円・三角形・四角形

解答・解説 別冊p.25

円の性質

入試メモ 円周角の定理を使った角度の問題は頻出。半円での出題も多い。

出題率 92.7% ランク 1

正答率

1 次の問いに答えなさい。

超重要 (1) 右の図で，3点A，B，Cは円Oの周上にある。∠xの大きさを求めなさい。 [奈良県]

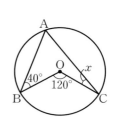

〔   〕

92%

(2) 右の図で，BDを直径とする円Oの円周上に点A，Cがある。∠xの大きさを求めなさい。 [青森県]

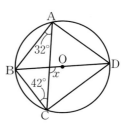

〔   〕

55%

(3) 右の図において，3点A，B，Cは円Oの周上の点で，AB＝ACである。また，点Dは線分BOの延長と線分ACとの交点である。このとき，∠BDCの大きさを求めなさい。 [神奈川県]

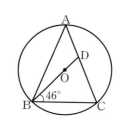

〔   〕

40%

2 右の図で，CはABを直径とする半円Oの周上の点，D，E，Fはそれぞれ線分CA，AB，CB上の点で，四角形CDEFは長方形である。

差がつく

CA＝6cm，CB＝8cm，CD：DE＝3：2のとき，次の(1)，(2)の問いに答えなさい。 [愛知県]

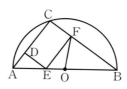

(1) 線分FEの長さは何cmか，求めなさい。

〔   〕

(2) △FEOの面積は△ABCの面積の何倍か，求めなさい。

〔   〕

三角形

三角形の性質は，証明や角度，辺の長さを求める問題によく使われる。

出題率 **71.9%**　ランク **2**

3 右の図で，∠xの大きさを求めなさい。　[長崎県]

正答率 71%

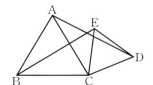

〔　　　　　　〕

4 右の図のように，2つの正三角形ABC，CDEがある。頂点A，Dを結んで△ACDをつくり，頂点B，Eを結んで△BCEをつくる。このとき，△ACD≡△BCEであることを証明しなさい。　[新潟県]

正答率 41%

四角形

平行四辺形の性質を使って，角度や辺の長さを求める問題がよく出題される。

出題率 **41.7%**　ランク **3**

5 右の図のように，∠ADC=50°の平行四辺形ABCDがある。辺AD上にCD=CEとなるように点Eをとる。∠ACE=20°のとき，∠xの大きさを求めなさい。ただし，AB<ADとする。　[和歌山県]

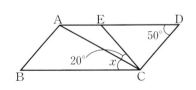

〔　　　　　　〕

6 右の図のように，平行四辺形ABCDがあり，点Eは辺BC上の点で，AB=AEである。　[秋田県]

(1) △ABC≡△EADとなることを証明しなさい。

正答率 19%

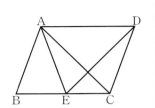

(2) ∠BAE=40°，AC⊥DEのとき，∠CAEの大きさを求めなさい。

正答率 22%

〔　　　　　　〕

英語　数学　理科　社会　国語

47

三平方の定理・相似・平行

解答・解説 | 別冊 p.26

三平方の定理

入試メモ 辺の長さを求めるときは，直角三角形を探し，三平方の定理が使えるか考える。

出題率 93.8%　ランク 1

正答率

1 右の図のように，AC＝4cm，BC＝5cm，∠ACB＝90°の
直角三角形ABCがある。辺ABの長さを求めなさい。

超重要

[北海道]

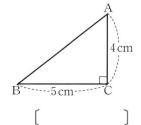

■ 64%

〔　　　　　　　〕

2 右の図で，四角形ABCDは長方形，Eは辺AD上の点，F，
Gはともに辺BC上の点で，EF⊥AC，EG⊥BCである。
また，H，Iはそれぞれ線分ACとEF，EGとの交点で
ある。AB＝4cm，AD＝6cm，AE＝4cmのとき，次の(1)，
(2)の問いに答えなさい。

[愛知県]

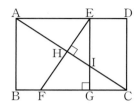

差がつく (1) 線分FGの長さは何cmか，求めなさい。

〔　　　　　　　〕

思考力 (2) 四角形HFGIの面積は長方形ABCDの面積の何倍か，求めなさい。

〔　　　　　　　〕

3 次の問いに答えなさい。
(1) 右の図は四角錐の投影図である。立面図が正三角形，平面
図の1辺の長さが4cmの正方形であるとき，この立体の体
積を求めなさい。

[島根県]

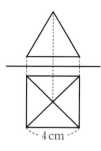

〔　　　　　　　〕

難 (2) 底面の半径が4cm，母線の長さが12cmの円錐がある。底
面の1つの直径をABとし，円錐の頂点をOとする。また，
線分OAの中点をMとする。この円錐の側面上に，右の図の
ように点Aから線分OBと交わり点Mまで線をひくとき，最
も短くなるようにひいた線の長さを求めなさい。

[埼玉県]

□ 11%

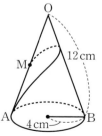

〔　　　　　　　〕

図形の相似

正答率

4 右の図のように，線分ABを直径とする半円があり，線分ABの中点を点Oとする。点Cを弧AB上の点とし，線分BC上に点Dをとる。線分ADと線分OCとの交点をEとする。次の問いに答えなさい。　[北海道]

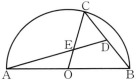

(1) BD＝DC，OD＝2cmのとき，線分ACの長さを求めなさい。

■□ 73%

〔　　　　　　　　〕

難→ (2) ∠AOCの二等分線と線分ADの交点をFとする。このとき，△CDE∽△OFEを証明しなさい。

□ 9%

平行線と比

正答率

5 次の問いに答えなさい。

(1) 右の図のような，AD＝5cm，BC＝8cm，AD∥BCである台形ABCDがある。辺ABの中点をEとし，Eから辺BCに平行な直線をひき，辺CDとの交点をFとするとき，線分EFの長さを求めなさい。　[23埼玉県]

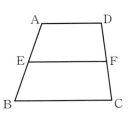

〔　　　　　　　　〕

(2) 右の図において，AB∥EC，AC∥DB，DE∥BCである。また，線分DEと線分AB，ACとの交点をそれぞれF，Gとすると，AF：FB＝2：3であった。BC＝10cmのとき，線分DEの長さを求めなさい。　[京都府]

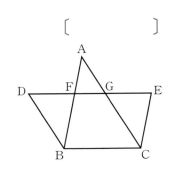

〔　　　　　　　　〕

データの活用と確率

解答・解説｜別冊 p.28

データの活用と標本調査

 平均値，中央値，最頻値を求める問題が多い。
標本調査では全体の数を推測する問題が頻出。

出題率 100% ランク 1

正答率

1 次の問いに答えなさい。

(1) 右の表は，ある中学校の3年生40人のハンドボール
投げの記録を度数分布表に整理したものである。この度
数分布表について，次の問いに答えなさい。　[三重県]

① 最頻値を求めなさい。　〔　　　　　〕

② 10m以上15m未満の階級の相対度数を求めなさい。

〔　　　　　〕

階級（m）	度数（人）
以上　　未満	
5 〜 10	2
10 〜 15	8
15 〜 20	11
20 〜 25	13
25 〜 30	5
30 〜 35	1
計	40

■□ 63%
■■ 75%

思考力 (2) 体育委員のえりかさんは，クラスの
女子20人の立ち幅跳びの記録をもと
に，右の資料を作成した。えりかさん
の立ち幅跳びの記録は174cmである。
資料から，えりかさんの記録は，女子
20人の中で上位10人に入っていることがわかる。そのことがわかる理由を，こ
の資料に基づいて簡単に書きなさい。　[岩手県]

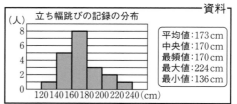

立ち幅跳びの記録の分布　　資料

平均値：173cm
中央値：170cm
最頻値：170cm
最大値：224cm
最小値：136cm

〔　　　　　　　　　　　　　　　　　　　　〕

2 次の問いに答えなさい。

(1) 箱の中に同じ大きさの黒玉だけがたくさん入っている。この箱の中に黒玉と同
じ大きさの白玉200個を入れてよくかき混ぜたあと，その箱から170個の玉を無
作為に抽出すると，黒玉は140個，白玉は30個であった。この結果から，はじめ
に箱に入っていた黒玉の個数は，およそ何個と推定されるか。一の位の数を四捨
五入した概数で答えなさい。　[山口県]　〔　　　　　〕

(2) A中学校の3年1組と2組の生徒それ
ぞれ31人について，ある期間に読んだ本
の冊数を調べた。右の図は，その分布の
ようすを箱ひげ図に表したものである。このとき，次の**ア〜オ**のうち，箱ひげ図
から読みとれることとして正しいものを2つ選び，記号で答えなさい。　[石川県]

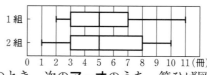

ア 1組と2組の平均値は等しい。

イ 2組の第3四分位数のほうが，1組の第3四分位数より大きい。

ウ どちらの組もデータの四分位範囲は9冊である。

エ どちらの組にも，読んだ本が7冊以上の生徒は8人以上いる。

オ どちらの組にも，読んだ本が10冊の生徒が必ずいる。　〔　　　　　〕

正答率

3 次の問いに答えなさい。

(1) 右の図のように，2，4，6，8の数字を1つずつ書いた4個のボールがある。この4個のボールを
袋に入れ，袋の中から，2個のボールを1個ずつ，もとにもどさずに取り出す。
1個目のボールの数字を十の位，2個目のボールの数字を一の位として，2けたの整数をつくるとき，この整数が4の倍数である確率を求めなさい。　　［北海道］

②④⑥⑧

■□66%

〔　　　　　〕

超重要▶ (2) 大小2つのさいころを同時に投げるとき，大きいさいころの出た目をa，小さいさいころの出た目をbとする。このとき，次の問いに答えなさい。　　［富山県］

① aとbの和が5以下になる確率を求めなさい。

〔　　　　　〕

② aとbのうち，少なくとも一方は5となる確率を求めなさい。

〔　　　　　〕

③ $\sqrt{10a+b}$ が整数となる確率を求めなさい。

〔　　　　　〕

思考力▶ (3) 赤玉が2個，白玉が1個入っている袋から，玉を1個取り出して色を調べ，それを袋にもどすことを繰り返す。はじめから続けて赤玉が取り出された。3回目は赤玉と白玉のどちらが取り出されやすいか，次の**ア**，**イ**から正しいものを1つ選び，記号を書きなさい。また，それが正しいことの理由を，3回目に赤玉が取り出される確率と白玉が取り出される確率をそれぞれ求め，値を示し比較して説明しなさい。ただし，どの玉が取り出されることも同時に確からしいとする。

ア 赤玉が取り出されやすい

イ 白玉が取り出されやすい　　［長野県］

記号〔　　　　　〕

説明〔
　　　〕

■□29%

英語

数学

理科

社会

国語

51

力・仕事・エネルギー

解答・解説｜別冊p.30

力による現象

 フックの法則を使う問題や圧力や浮力の大きさを求める問題など，計算が多い。

出題率 **51.0%** ランク **1**

正答率

1 次の実験について，あとの問いに答えなさい。

[香川県]

【実験】 図Ⅰのような装置を用いて，ばねを引く力の大きさと，ばねののびとの関係を調べる実験をした。ばねの上端をスタンドに固定し，ばねの下端におもりをつるして，おもりが静止したときのばねののびを，スタンドに固定したものさしを用いて測定する。強さの異なる2本のばねXとばねYを用意し，まず，ばねXについて，この方法で同じ質量のおもりの個数を増やしながら，ばねののびを測定した。次に，ばねYについて，同様に，ばねののびを測定した。図Ⅱは，実験結果をもとに，つるしたおもりの個数とばねののびとの関係をグラフに表したものである。

図Ⅰ
ばね
ばねののび
おもり
ものさし

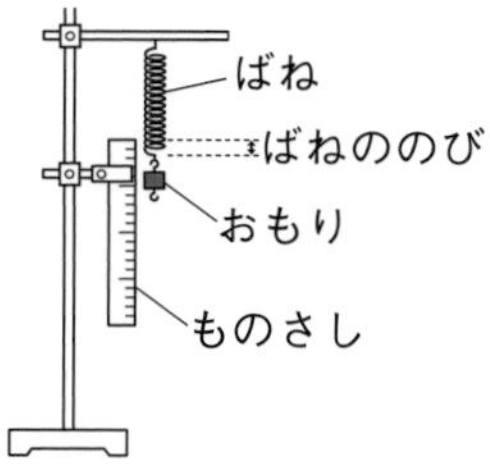

図Ⅱ
ばねののび〔cm〕／おもりの個数〔個〕
ばねX
ばねY

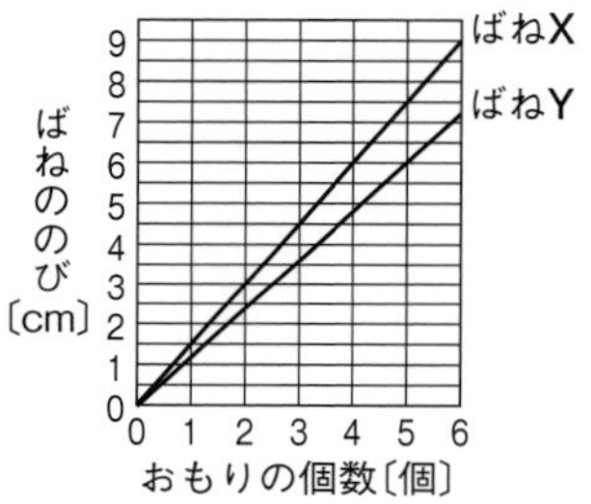

(1) 次の文は，実験の結果から，ばねの性質について述べようとしたものである。文中の〔　〕内にあてはまる言葉を⑦，⑦から1つ選び，記号で答えなさい。また，文中の□内にあてはまる数値を書きなさい。

　　ばねののびとばねを引く力の大きさとは〔⑦ 比例　⑦ 反比例〕している。また，ばねXとばねYのばねののびを同じにするには，ばねYを引く力の大きさの□倍の力でばねXを引けばよい。　　**記号**〔　　　〕　**数値**〔　　　　　〕

差がつく (2) 実験で用いたおもりとは異なる2個のおもりP，おもりQとばねZを用意した。図Ⅰの装置を用いて，ばねXにおもりPをつるしたところ，ばねののびは4.5cmであった。次に，ばねYにとりかえ，おもりQをつるしたところ，ばねののびは2.4cmであった。実験で用いたおもりを1個つるすとばねののびが1.4cmになるばねZに，おもりPとおもりQを同時につるすと，ばねののびは何cmになると考えられるか。　　〔　　　　　cm〕

2
超重要

水中の物体にはたらく水圧について，最も適切に表しているものを，右のア～エから1つ選び，記号で答えなさい。ただし，矢印の長さと向きは水圧の大きさと向きを表すものとする。[群馬県]

ア 水面　イ 水面　ウ 水面　エ 水面

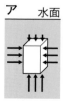 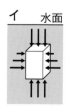 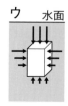 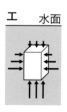

〔　　　　　〕

仕事とエネルギー

入試メモ：斜面上の物体や振り子が運動するときの力学的エネルギーの変化がねらわれやすい。

出題率 43.8% ランク 2

正答率

3 [思考力]

小球にひも１をつけて天井からつるし，さらにひも２をつけて，図1のようにひも１が重力の方向から45°になるように，水平方向に力を加え小球を静止させた。

次に，ひも２を取り除き，図2のAのように，基準面からの高さhより小球に振り子の運動をさせた。また，図2のBのように，同じ小球を高さhより斜面をすべらせた。AとBの小球が基準面を通過するときの速さをそれぞれ「速さA」，「速さB」とするとき，

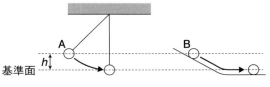

図1

ひも1 天井
小球
ひも2 45°
小球にはたらく重力

図2

A B
h 基準面

２つの速さの関係を表すものとして最も適当なものを，次の**ア**〜**ウ**から１つ選び，記号で答えなさい。さらに選んだ理由を「エネルギー」という語を用いて答えなさい。ただし，空気の抵抗や摩擦は考えないものとする。 [島根県]

ア 「速さA」は「速さB」より速い。

イ 「速さA」と「速さB」は等しい。

ウ 「速さA」は「速さB」より遅い。

記号〔　　　　　〕　理由〔　　　　　　　　　　　　　　　　〕

力と物体の運動

入試メモ：斜面を下る物体の運動を調べる実験がよく出題される。

出題率 40.6% ランク 3

正答率

4

図のようにまっすぐなレールを用いて斜面をつくり，レール上のA点で小球をしずかにはなした。ただし，斜面上では小球は常にレールの上を運動し，小球とレールの間の摩擦や空気抵抗は考えないものとする。 [長崎県]

レール
A点
水平面

(超重要)▶ (1) 小球にはたらく重力が図の矢印で表されている。この重力のレールに平行な分力とレールに垂直な分力を図にかき入れなさい。　　　　　　■□57%

(難)▶ (2) レールを下っている小球にはたらく力と小球の運動について述べた文として最も適当なものを，次の**ア**〜**エ**から１つ選び，記号で答えなさい。〔　　　　〕　□12%

ア レールに沿う方向の力はしだいに大きくなり，速さの変化の割合も大きくなる。

イ レールに沿う方向の力はしだいに大きくなるが，速さの変化の割合は変わらない。

ウ レールに沿う方向の力は変化しないが，速さの変化の割合は大きくなる。

エ レールに沿う方向の力は変化せず，速さの変化の割合も変わらない。

英語　数学　理科　社会　国語

2 電気と磁気

解答・解説│別冊p.30

電流の性質

 オームの法則を使う問題や電力量を求める問題
など，計算が多い。

出題率 60.4% ランク 1

正答率

1 電熱線に加える電圧とそれに流れる電流を調べるために，次のような実験を行った。
あとの問いに答えなさい。

〔宮崎県・改〕

超重要

【実験】

1 図Ⅰのような回路をつくり，
電源装置で電熱線Xに加える
電圧を1.0V，2.0V，3.0V，…，
6.0Vと変化させ，そのとき
の電流を測定した。

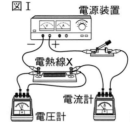

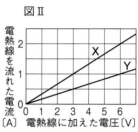

2 いったん電圧を0Vにもど
し，電熱線Xを電熱線Yに変えて，1と同様に電流を測定した。

3 結果を図Ⅱのグラフに表した。

(1) 図Ⅱのグラフから，電熱線を流れた電流は，電熱線に加えた電圧に比例するこ
とがわかる。この関係を何の法則というか，答えなさい。〔　　　　　　　〕　85%

(2) 電源装置の電圧をある大きさにしたとき，電流計の
指針が図Ⅲのように振れた。電流計の5Aの−端子に
つないでいるとき，測定した電流の大きさは何Aか，
読みとりなさい。〔　　　　　A〕

図Ⅲ

84%

(3) 電熱線Xの電気抵抗は何Ωか，求めなさい。
〔　　　　　Ω〕

82%

実験で使った電熱線X，Yを使って回路をつくった。図Ⅳ
は，電熱線X，Yを直列に接続した回路図であり，図Ⅴ
は，電熱線X，Yを並列に接続した回路図である。図Ⅳ，
図Ⅴ中のa点，b点に，それぞれ1Aの電流が流れるよ
うにした。次の(4)～(6)の問いに答えなさい。

図Ⅳ

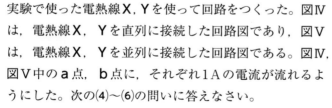

(4) 図Ⅳで，電熱線X，Yに加わる電圧の和は何Vか，
求めなさい。〔　　　　　V〕

67%

(5) 図Ⅴで，電熱線Xに加わる電圧は何Vか，求めなさ
い。〔　　　　　V〕

図Ⅴ

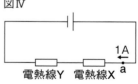

29%

(6) 次の文の　　　にあてはまる記号，数字を答えなさい。

図Ⅳ，図Ⅴで最も電力が大きいのは図　①　の
電熱線　②　であり，その電力は　③　Wである。

① 〔　　　　　〕
② 〔　　　　　〕

③ 〔　　　　　〕

電流と磁界

入試メモ 電磁誘導で流れる電流の向きや大きさについて出題されることが多い。

出題率 31.3% ランク 2

正答率

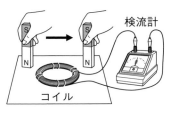

2 次の実験について，あとの問いに答えなさい。

[福井県]

【実験】 机の上に置いたコイルに検流計を接続し，図のように棒磁石のN極を下に向けて一定の速さでコイルの中央を通るように，コイル上を水平に通過させると，検流計の針は，＋側にふれ，次に－側にふれた。

差がつく (1) 電磁誘導とはどのような現象か。「コイル内部の」という書き出しに続けて，簡潔に書きなさい。

〔 コイル内部の   〕

(2) 棒磁石を動かす方向と棒磁石の向きを右のア～エのように変化させたとき，検流計の針が**実験**の結果と同様のふれ方をするものはどれか。最も適当なものを１つ選び，記号で答えなさい。

〔   〕

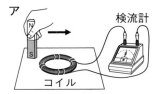
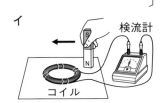

棒磁石のN極を下に向けてコイルに近づける

静電気と電流

入試メモ 真空放電管を使った実験では，陰極線の性質などについて出題されることが多い。

出題率 9.4% ランク 3

正答率

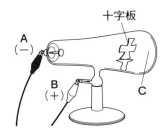

3 右の図のような装置の**A**を－極，**B**を＋極に接続し，内部の気圧が低い状態で非常に大きな電圧を加える実験を行った。次の問いに答えなさい。

[徳島県]

(1) 電気が空間を移動したり，たまっていた電気が流れ出したりする現象を何というか，答えなさい。

〔   〕

超重要 (2) 次の文は，この実験について述べたものである。正しい文になるように，文中の①，②について，**ア・イ**のいずれかをそれぞれ選びなさい。 ①〔   〕 ②〔   〕

　　電流のもとになるものは，①[**ア**．＋　**イ**．－]の電気をもった非常に小さな粒子であり，これを電子という。実験では図の**C**の付近のガラス壁が黄緑色に光り，十字板の影ができたことから，電子は，②[**ア**．＋極から出て－極　**イ**．－極から出て＋極]へ移動していることがわかる。

3 光・音による現象

解答・解説｜別冊 p.31

光による現象

入試メモ 凸レンズによる像のでき方を調べる実験，作図問題がよく出題される。

出題率 33.3% ランク 1

正答率

1 超重要

図1のように凸レンズと光源を置く。光源から出た光とレンズの右側にできる像について，次の問いに答えなさい。ただし，F_1，F_2は，凸レンズの焦点である。　［佐賀県］

(1) 光源の先端から出た光のうち，光軸（凸レンズの軸）に平行に進む光とレンズの中心に向かって進む光は，レンズを通った後，それぞれどのように進んでいくか。レンズを通った後に進む道すじを，レンズに入る前の道すじに続けて，それぞれ図2にかき入れなさい。

図1

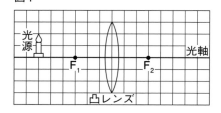

図2

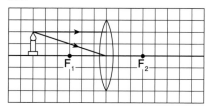

(2) 図1でレンズの右側に，光軸に対して垂直にスクリーンを置いた。このスクリーンを左右に動かしたところ，ある位置でスクリーン上に像ができた。次に光源を図1の位置よりも左側に置いたとき，像ができるときのスクリーンの位置とそのときの像の大きさは，図1の位置に光源があるときと比べて，それぞれどうなるか。組み合わせとして最も適当なものを，次のア〜エから1つ選び，記号で答えなさい。　［　　　　　］

	像ができるときのスクリーンの位置	像の大きさ
ア	レンズに近くなる	大きくなる
イ	レンズに近くなる	小さくなる
ウ	レンズから遠くなる	大きくなる
エ	レンズから遠くなる	小さくなる

2

花子さんは，図のように，床に垂直なかべに取りつけられた鏡Aから100cmはなれたところに立ち，鏡Aにうつる自分のすがたを見た。　［大分県］

差がつく (1) 鏡Aにうつる自分のすがたは，花子さんの立っている位置から何cmはなれた位置に立っているように見えるか，書きなさい。　［　　　cm］

思考力 (2) 図中の•で示した部分のうち，花子さんから見て鏡Aにうつる部分を，図のア〜カからすべて選び，記号で答えなさい。　［　　　　　］

入試メモ　音が伝わる距離や時間を求める問題はよく出題される。

出題率 20.8%　ランク 2

正答率 37%

3 Yさんの乗った船が10m/sの速さで岸壁に向かって進みながら，汽笛を鳴らした。この汽笛の音は，岸壁ではね返り，汽笛を鳴らし始めてから5秒後に船に届いた。音の速さを340m/sとすると，船が汽笛を鳴らし始めたときの，船と岸壁との距離は何mか。計算して答えなさい。ただし，汽笛を鳴らし始めてから船に汽笛の音が届くまで，船は一定の速さで進んでおり，音の速さは変わらないものとする。　[静岡県]

〔　　　　　　　m〕

4 音の性質について調べるために，次の実験を行った。あとの問いに答えなさい。

[群馬県]

【実験1】 音が出ているおんさを水面に軽くふれさせると，激しく水しぶきが上がった。

【実験2】 図Iのような密閉容器に，音の出ている電子ブザーを入れ，容器内の空気を抜いていくと，音が聞こえにくくなった。

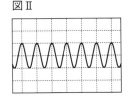

図I

密閉容器
電子ブザー
スポンジ

思考力 (1) 次の文は，**実験1**，**2**の結果から考察したものである。文中の□にあてはまる文を書きなさい。

〔　　　　　　　　　　　　　　　　　　　　　　〕

　音が出ている物体は振動しており，**実験2**の結果から，空気が□□□ことがわかる。

(2) **実験1**で，おんさから発生した音をマイクで取り込み，コンピュータの画面に表示したところ，図IIのような波形が観察された。次の①，②の問いに答えなさい。ただし，画面の横軸は時間，縦軸は振幅を表し，軸の1目盛りは，図II，図III，下の**ア〜エ**において，すべて等しいものとする。

図II

超重要 ① **実験1**で用いたおんさを，**実験1**でたたいた強さよりさらに強くたたいたとき，観察される波形として適切なものを，次の**ア〜エ**から1つ選び，記号で答えなさい。　〔　　　　〕

ア　　　　　イ　　　　　ウ　　　　　エ

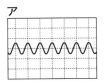 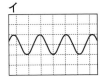 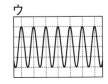 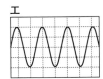

差がつく ② 別のおんさをたたいたところ，図IIIのような波形が観察された。このおんさの振動数はいくらか，書きなさい。ただし，**実験1**で用いたおんさの振動数を400Hzとする。　〔　　　　　Hz〕

図III

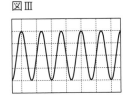

物質の性質・水溶液・気体

身のまわりの物質とその性質

入試メモ　密度の違いや加熱したときの変化から，物質を見分ける問題がよく出る。

正答率

1 物質の種類を見分ける実験を行った。あとの問いに答えなさい。

[富山県・改]

表1に示したいずれかの金属でできている円柱A〜Dを用意し，それぞれの質量と体積を調べる実験を行った。表2は実験の結果をまとめたものである。なお，円柱A〜Dには同じ金属でできているものがある。

表1

金属	密度〔g/cm^3〕
マグネシウム	1.74
アルミニウム	2.70
亜鉛	7.13
銅	8.96

【実験】

① 円柱Aの質量を，電子てんびんを使って測定した。

② 50.0cm^3の水を入れたメスシリンダーに円柱Aを静かに沈め，水面の目盛りを読み取った。

③ 円柱B〜Dについても①，②と同様の操作を行った。

表2

円柱	質量〔g〕	水面の目盛り〔cm^3〕
A	25.0	図より読み取る
B	14.2	52.0
C	22.4	52.5
D	16.2	56.0

(1) 円柱Dの密度は何g/cm^3か求めなさい。

〔　　　　　　g/cm^3〕

(2) ②において，水面の目盛りは右の図のようになった。円柱B〜Dの中で円柱Aと同じ金属でできているものはどれか，記号で答えなさい。　〔　　　　〕

(3) 円柱A〜Dの金属について，同じ質量で比較した場合，最も体積が小さくなる金属は何か。化学式で書きなさい。

〔　　　　〕

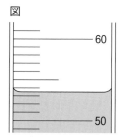

図

目盛りの単位はcm^3

2 3種類の白い物質A，B，Cは，デンプン，白砂糖，食塩のいずれかである。これらの物質の性質を調べるために，次の【実験1】，【実験2】を行った。

【実験1】 同じ質量の物質A〜Cを，それぞれ同じ体積の水に入れたところ，AとBは水に溶けて透明になったが，Cは溶けずに白くにごった。

【実験2】 同じ質量の物質A〜Cを，それぞれ別の燃焼さじにとって加熱すると，Aは変化が見られず，BとCはこげて黒い炭のようなものができた。

実験の結果から，デンプンと白砂糖はそれぞれ物質A〜Cのいずれだと考えられるか，記号で書きなさい。[高知県]　デンプン〔　　　　〕　白砂糖〔　　　　〕

▭49%

水溶液の性質

入試メモ 質量パーセント濃度の公式を使った計算問題がよく出題される。

出題率 41.7% ランク 2

正答率

3 次の問いに答えなさい。

(1) 水40gに砂糖10gを溶かしたときの砂糖水の質量パーセント濃度は何%か，求めなさい。［埼玉県］　〔　　　　　%〕

差がつく (2) 優子さんは，質量パーセント濃度が15％の食塩水30gを用意していたが，水を加えて濃度を5％にした食塩水で実験を行った。15％の食塩水30gに加えた水の質量は何gか，求めなさい。［熊本県］　〔　　　　　g〕

4
超重要
右の表は，水100gにミョウバンを溶かして飽和水溶液にしたときの溶けたミョウバンの質量を示したものである。60℃の水100gにミョウバン50gを溶かした。この水溶液を冷やしていくと，溶けていたミョウバンが結晶

水の温度〔℃〕	ミョウバンの質量〔g〕
20	11.4
60	57.4

■ 58%

として出てきた。水溶液の温度が20℃になったとき，出てくる結晶の質量として適切なものを，次の**ア**〜**エ**から1つ選び，記号で答えなさい。　［東京都］

ア 11.4g　　**イ** 38.6g　　**ウ** 46.0g　　**エ** 50.0g　〔　　　　　〕

いろいろな気体とその性質

入試メモ 酸素，二酸化炭素の発生や，何種類かの気体を区別するような問題がよく出る。

出題率 40.6% ランク 3

正答率

5
超重要
Eさんは，物質を混ぜることによって化学反応が起こることに興味をもち，次の実験を行った。あとの問いに答えなさい。　［大阪府］

【実験】 気体を発生させるために用いる発生用の試験管と，発生した気体を集めるために用いる捕集用の試験管を，それぞれ複数本準備し，右の図のように，発生用の試験管で物質を混合することで気体を発生させ，それぞれ別の捕集用の試験管に集めた。

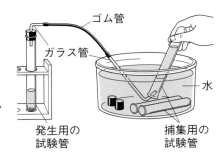

(1) 下線部について，図のようにして気体を集める方法は何とよばれているか，書きなさい。　〔　　　　　〕　■ 84%

(2) 次の**ア**〜**エ**のうち，図のようにして集めるのに適していない気体をすべて選び，記号で答えなさい。　〔　　　　　〕　■ 56%

ア 水素　　**イ** アンモニア　　**ウ** 窒素　　**エ** 塩素

(3) 発生用の試験管に2つの物質を入れて二酸化炭素を発生させるとき，入れる物質として適しているものを次の**ア**〜**キ**から2つ選び，記号で答えなさい。　〔　　　　〕〔　　　　〕　■ 50%

ア 石灰石　　　　　**イ** 二酸化マンガン

ウ 硫酸バリウム　　**エ** 銅

オ 食塩水　　　　　**カ** 塩酸　　**キ** オキシドール（うすい過酸化水素水）

英語 数学 **理科** 社会 国語

5 化学変化と原子・分子

解答・解説 | 別冊 p.32

物質の成り立ち

 炭酸水素ナトリウムの熱分解の問題がよく出題される。

出題率 88.5%　ランク 1

正答率

1 Aさんのグループは，次の1～3の実験や話し合いを行った。あとの問いに答えなさい。

超重要

[栃木県]

1 図のような装置を組み立て，試験管Xに入れた炭酸水素ナトリウムを加熱し，発生した気体を試験管Yに集めた。

2 実験1で集めた気体が何かについて，仮説を立ててグループ内で話し合った。Aさんは，炭酸水素ナトリウムという物質名に「水素」という文字が入っており，水上置換法で集めることができることから，発生した気体は水素であるという仮説を立てた。

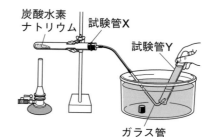

炭酸水素ナトリウム　試験管X　試験管Y　ガラス管

3 グループ内で出されたさまざまな仮説のうちの1つを確かめるため，実験1で試験管Yに集めた気体に火のついた線香を入れたところ，線香の火が消えた。

(1) 実験1を行う際に必ずしなければならないことを，次のア～エから1つ選び，記号で答えなさい。　〔　　　〕

ア　試験管Xの中に沸騰石を入れておくこと。

イ　試験管Xの中にフェノールフタレイン溶液を入れておくこと。

ウ　試験管Xの口を少し下げておくこと。

エ　試験管Xの加熱をやめた後も，ガラス管をしばらく水そうからぬかないようにすること。

■ 86%

(2) 2の話し合いで，Aさんが立てた下線部の仮説を確かめる実験の方法を簡潔に書きなさい。

〔　　　　　　　　　　　　　　　　　　　　　　　　　　　　　　〕

□ 61%

(3) 実験3の結果から，発生した気体についてわかることはどれか。次のア～エから1つ選び，記号で答えなさい。　〔　　　〕

ア　二酸化炭素であること。　　イ　二酸化炭素ではないこと。

ウ　酸素であること。　　　　　エ　酸素ではないこと。

■ 47%

(4) 炭酸水素ナトリウムを加熱したときの化学反応式は，次のように表される。①にあてはまる固体と，②にあてはまる気体の化学式をそれぞれ書きなさい。

$$2NaHCO_3 \longrightarrow (\ ① \ ) + (\ ② \ ) + H_2O$$

①〔　　　　　〕
②〔　　　　　〕

① □ 25%
② ■ 73%

化学変化と物質の質量

入試メモ 金属と酸素が結びつくときの質量の関係を調べる実験は頻出。

出題率 49.0% ランク 2 正答率

2 銅と酸素が結びつくときの質量の関係について調べるため，次のような実験を行った。あとの問いに答えなさい。 [岩手県]

【実験】

① 銅の粉末0.40gをはかりとり，ステンレス皿に入れた。

② ①のステンレス皿を図Ⅰのように2分間加熱し，室温に戻してから物質の質量をはかり，その後よくかき混ぜた。

③ ②の操作をくり返した。

④ ①の銅の質量を0.80g，1.20gに変えて②～③の操作を行った。

⑤ ①～④の結果を図Ⅱのようにグラフに表した。

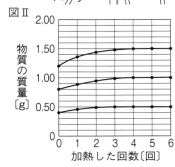

図Ⅰ ステンレス皿 銅の粉末 ガスバーナー

図Ⅱ 物質の質量〔g〕 加熱した回数〔回〕

(1) 銅と酸素の反応を原子・分子のモデルで表すとどのようになるか。次の**ア～エ**から1つ選び，記号で答えなさい。ただし，●は銅原子を，○は酸素原子を表すものとする。 〔　　　〕

ア ●　＋　○　→　●○　　　　**イ** ●　＋　○○　→　○●○

ウ ●●　＋　○　→　●●○　　　**エ** ●●　＋　○○　→　●○　●○

差がつく (2) 図Ⅱで，加熱した回数をふやしていっても物質の質量がふえなくなるのはなぜか。その理由を，銅，酸素ということばを用いて簡潔に書きなさい。

〔　　　　　　　　　　　　　　　　　　　　　　　　　　　　　　　　　　　　〕

超重要 (3) 実験で，銅の質量を3.00gにして，②～③の操作を行い，物質の質量がふえなくなったときの，結びついた酸素の質量は何gか。小数第2位まで求めなさい。

〔　　　　　　g〕

さまざまな化学変化

入試メモ 酸化銅の還元の実験がよく出る。また，酸化・還元の化学反応式がよく問われる。

出題率 37.5% ランク 3 正答率

3 酸化銅と炭（炭素）を混ぜて加熱すると，酸化銅が銅に還元され，このとき二酸化炭素も生じる。この反応は，次の化学反応式で表される。

$$2CuO + C \longrightarrow 2Cu + CO_2$$

16.0gの酸化銅すべてを炭を用いて銅に還元するには，1.2gの炭が必要で，これらが完全に反応して，12.8gの銅ができる。次の問いに答えなさい。 [佐賀県]

超重要 (1) 下線部の化学反応で生じる二酸化炭素の質量は何gか。 〔　　　　　g〕

難 (2) 8.0gの酸化銅と2.0gの炭をよく混ぜて試験管の中に入れ，加熱した。途中で加熱を止めたところ，試験管の中に残った固体の質量が8.9gであった。このとき，生じた銅の質量は何gか。ただし，試験管内の空気の量は少ないため，炭と試験管内の空気中の酸素との反応は考えなくてよい。 〔　　　　　g〕

英語 数学 理科 社会 国語

化学変化とイオン

解答・解説 | 別冊 **p.33**

電気分解と電池

 亜鉛板，銅板を使ったダニエル電池に関する問題が特によく出る。

出題率 **46.9**% ランク **1**

正答率

1 超重要 電池のしくみを調べるために，次の【**実験**】を行った。この実験に関して，あとの(1)〜(3)の問いに答えなさい。

[新潟県・改]

【**実験**】 図のように，硫酸銅水溶液と銅板が入った袋状のセロハンを，硫酸亜鉛水溶液と亜鉛板が入ったビーカーの中に入れた。銅板と亜鉛板を，それぞれ導線でモーターとつないだところ，プロペラが回転した。

図

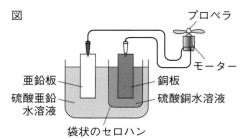

(1) 【**実験**】の水溶液に入っている銅板と亜鉛板のそれぞれに起こる変化について述べた文として最も適当なものを，次の**ア**〜**エ**から１つ選び，その符号を書きなさい。 〔　　　〕 ■□78%

ア 銅板も亜鉛板も，ともに溶け出す。

イ 銅板は溶け出し，亜鉛板は表面に物質が付着する。

ウ 銅板は表面に物質が付着し，亜鉛板は溶け出す。

エ 銅板も亜鉛板も，ともに表面に物質が付着する。

(2) 次の文は，【**実験**】について説明したものである。文中の　**X**　，　**Y**　にあてはまる語句の組み合わせとして，最も適当なものを，あとの**ア**〜**エ**から１つ選び，その符号を書きなさい。 〔　　　〕

　【**実験**】では　**X**　が−極になる。これは，　**Y**　の方がイオンになりやすいからである。

ア [**X**…亜鉛板，**Y**…亜鉛に比べて銅] **イ** [**X**…亜鉛板，**Y**…銅に比べて亜鉛]

ウ [**X**…銅板，　**Y**…亜鉛に比べて銅] **エ** [**X**…銅板，　**Y**…銅に比べて亜鉛]

(3) 【**実験**】で用いた袋状のセロハンのはたらきについて述べた文として，最も適当なものを，次の**ア**〜**エ**から１つ選び，その符号を書きなさい。 〔　　　〕 ■□40%

ア ２種類の水溶液を分けて，水溶液中のイオンが通過できないようにする。

イ ２種類の水溶液を分けて，水溶液中の陽イオンだけが通過できないようにする。

ウ ２種類の水溶液を分けるが，水溶液中のイオンは通過できるようにする。

エ ２種類の水溶液を分けるが，水溶液中の陽イオンだけは通過できるようにする。

酸・アルカリとイオン

入試メモ 中和が起こるときの，水溶液中のイオンのようすがよく問われる。 出題率 41.7% ランク 2 正答率

2 次の実験について，あとの問いに答えなさい。　　　　　　　　　　〔茨城県〕

超重要

【実験】　ビーカーにうすい塩酸を10 mL入れ，こまごめピペットで緑色のBTB液を数滴加えた。この液に，うすい水酸化ナトリウム水溶液を15 mL加えると，液の色は青色に変化した。この青色の液にうすい塩酸を1滴ずつ加えていくと，5 mL加えたところで液の色は緑色になった。

(1)　うすい塩酸の性質について説明した文として，誤っているものを，次の**ア～ウ**から1つ選び，記号で答えなさい。　　　　　　　　　　〔　　　〕

　ア　マグネシウムを入れると，水素が発生する。

　イ　無色のフェノールフタレイン液を入れると赤色に変わる。

　ウ　pHは7より小さい。

(2)　加えたうすい水酸化ナトリウム水溶液の体積と，ビーカー内の液に含まれる「あるイオン」の数との関係を模式的に表すと右の図のようになる。この「あるイオン」のイオン名を書きなさい。

〔　　　　　　　　　　　〕

（縦軸）「あるイオン」の数
（横軸）加えたうすい水酸化ナトリウム水溶液の体積〔mL〕

(3)　次の文中の　**あ**　，　**い**　に適する語を書きなさい。

　　下線部の色の変化から，ビーカー内の液の性質が　**あ**　性から　**い**　性に変化したことがわかる。　　**あ**〔　　　　　　　〕　**い**〔　　　　　　　〕

水溶液とイオン

入試メモ 電解質・非電解質の用語や特徴，イオンのでき方はよく出題される。 出題率 30.2% ランク 3 正答率

3 塩化銅（$CuCl_2$）について，次の問いに答えなさい。　　　　　　　〔佐賀県〕

(1)　次の文は，原子とイオンについて述べたものである。文中の（　**A**　），（　**B**　）にあてはまる語句として適当なものを，あとの語句から選び，答えなさい。

A〔　　　　　〕　B〔　　　　　〕

> 　原子は＋の電気をもつ陽子と，－の電気をもつ電子と，電気をもたない中性子からできており，陽子1個と電子1個がもつ電気の量は同じである。原子の中では，陽子の数と電子の数が等しいため，原子全体では電気をもたない。塩化銅を構成する銅イオンは，銅原子が電子を2個（　**A**　）できる（　**B**　）イオンである。

〔語句〕　受けとって　失って　陽　陰

(2)　塩化銅が水に溶けて電離する様子を，化学式を使って表しなさい。

〔　　　　　　　　　　　　　　　　　　　　〕

(3)　銅原子1個のもつ陽子の数は29個，塩素原子1個のもつ陽子の数は17個である。塩化銅を構成する銅イオン1個のもつ電子の数と塩化物イオン1個のもつ電子の数の差は何個か，書きなさい。

〔　　　　個〕

英語 数学 理科 社会 国語

いろいろな生物とその共通点

解答・解説｜別冊p.34

植物の分類

入試メモ　どのような観点で分類すると，何と何に分けられるかを，整理して覚えておこう。

出題率 42.7% ランク 1

正答率

1 次の観察について，あとの問いに答えなさい。

[福島県]

【観察1】 エンドウの体のつくりを観察した。図1は，その花のつくりをスケッチしたものである。

【観察2】 図2は，イヌワラビの体のつくりを観察し，スケッチしたものである。

【観察3】 図3と図4はそれぞれ，スギゴケとゼニゴケの雄株と雌株の体のつくりを観察し，スケッチしたものである。

図1
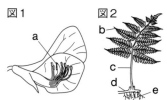

図3　図4

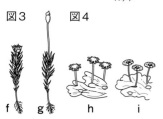

(1) **観察1**について，図1のめしべの先端部分**a**は，花粉がつきやすくなっていた。先端部分**a**を何というか。書きなさい。　〔　　　　　　　〕　　87%

超重要▶ (2) **観察2**について，図2の**b〜e**を葉，茎，根に区別するとき，次の**ア〜エ**から正しい組み合わせを1つ選び，記号で答えなさい。　〔　　　〕　　45%

	葉	茎	根
ア	b	c	d，e
イ	b	c，d	e
ウ	b，c	d	e
エ	b，c	d，e	該当なし

差がつく◀ (3) **観察3**について，図3と図4の**f〜i**の中で雄株はどれか。次の**ア〜エ**から，雄株の組み合わせとして正しいものを1つ選び，記号で答えなさい。〔　　　〕　　26%

ア fとh　　**イ** fとi　　**ウ** gとh　　**エ** gとi

(4) **観察1〜観察3**をもとに，エンドウ，イヌワラビ，スギゴケとゼニゴケを図5のように分類した。観点①と②のそれぞれにあてはまるものを，次の**ア〜カ**から1つずつ選び，記号で答えなさい。

① 82%
② 83%

①〔　　　　〕 ②〔　　　　〕

図5

エンドウ，イヌワラビ，スギゴケ，ゼニゴケ

観点①　→　エンドウ

観点②　→　イヌワラビ　｜　スギゴケとゼニゴケ

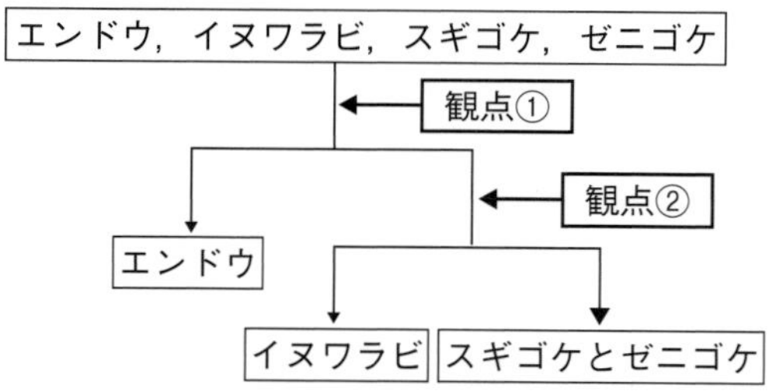

ア 子葉は1枚か，2枚か　　　　　　　　**イ** 維管束があるか，ないか

ウ 胚珠(はいしゅ)は子房の中にあるか，子房がなくてむき出しか

エ 花弁が分かれているか，くっついているか

オ 種子をつくるか，つくらないか　　　　**カ** 葉脈は網目状か，平行か

64

生物の観察と器具の使い方

入試メモ　顕微鏡は倍率の計算，操作手順，倍率を変えたときの視野の範囲と明るさの変化がよく出る。

 出題率 26.0%　 ランク 2

正答率

2 超重要
次の a 〜 e は，顕微鏡の基本的な使い方について説明している。正しい操作順に並んでいるものを，あとの**ア〜カ**から1つ選び，記号で答えなさい。[沖縄県] 〔　　　　〕

> a 　真横から見ながら調節ねじを回し，プレパラートと対物レンズをできるだけ近づけた後，接眼レンズをのぞいて調節ねじを回し，プレパラートと対物レンズを遠ざけながらピントを合わせる。
> b 　対物レンズをいちばん低倍率のものにする。
> c 　しぼりを回して，観察したいものがもっともはっきり見えるように調節し，視野の中心にくるようにする。
> d 　見たいものが真下にくるようにプレパラートをステージにのせて，クリップでとめる。
> e 　接眼レンズをのぞきながら反射鏡としぼりを調節して，全体が均一に明るく見えるようにする。

ア b→d→a→c→e 　　**イ** b→e→d→a→c 　　**ウ** b→d→c→e→a

エ d→a→c→b→e 　　**オ** d→c→e→b→a 　　**カ** d→a→b→e→c

生物と細胞

入試メモ　細胞のつくりでは，植物の細胞に特徴的なつくりとそのはたらきがよく問われる。

 出題率 12.5%　 ランク 3

正答率

3 超重要
右の図は，オオカナダモの葉の細胞を顕微鏡で観察したときのスケッチである。次の問いに答えなさい。[宮城県・改]

(1) 図の**A**は，植物の細胞に見られる特徴的なつくりで，細胞の形を維持し，植物の体を支えるのに役立っている。このつくりの名称を答えなさい。 〔　　　　　　　〕

　━━75%

(2) 顕微鏡で観察するとき，接眼レンズをかえずに，対物レンズだけを10倍から40倍にかえてピントを合わせたとき，観察できる範囲と視野の明るさはどのように変化するか。それぞれ答えなさい。

　　　　　　観察できる範囲〔　　　　　　　　　〕
　　　　　　　　視野の明るさ〔　　　　　　　　　〕

(3) 次の文章は，オオカナダモのような多細胞生物の体の成り立ちについて述べたものです。

（ ① ）〜（ ③ ）に入る語句の組み合わせとして正しいものを，右の**ア〜エ**から1つ選び，記号で答えなさい。 〔　　　　〕

	①	②	③
ア	細胞	器官	組織
イ	細胞	組織	器官
ウ	組織	器官	細胞
エ	組織	細胞	器官

　━━73%

> 　多細胞生物では，形やはたらきが同じ（ ① ）が集まって（ ② ）をつくり，いくつかの種類の（ ② ）が集まって，1つのまとまった形をもち特定のはたらきをする（ ③ ）となる。そして，いくつかの（ ③ ）が集まって個体がつくられている。

英語

数学

理科

社会

国語

65

生物の体のつくりとはたらき

解答・解説 | 別冊 p.34

植物のつくりとはたらき

入試メモ　蒸散の実験に関する問題では，植物のどの部分から水蒸気が出ていくかを整理しよう。

出題率 57.3%　ランク 1

正答率

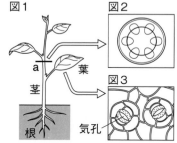

1 図1は，ある被子植物の体のつくりを示した模式図である。[長崎県]

（1）図2は，図1のaの位置で切った茎の断面を示している。図2において，葉でつくられた栄養分の通る管がある部分を黒く塗りつぶしたものとして最も適当なものを，次のア～エから1つ選び，記号で答えなさい。　〔　　　〕

■ 57%

ア　　　　　イ　　　　　ウ　　　　　エ

（2）図3は，葉の裏側の表皮を薄くはぎ，切りとって，顕微鏡で観察したときのスケッチである。その中には，気孔がいくつも観察できた。気孔のはたらきによって起こることを説明した次の文の（　①　），（　②　）に適語を入れ，文を完成させなさい。　①〔　　　　　　〕②〔　　　　　　　　〕

□ 6%

> 気孔では酸素や二酸化炭素の出入り以外に，水蒸気が放出される（　①　）という現象が見られる。また，（　①　）が活発に行われることによって，（　②　）がさかんに起こり，植物にとって必要なものが根から茎，葉へと運ばれていく。

2 コリウスを光の当たらないところに一晩置いた。翌日，図のように，ふ入りの葉の一部をアルミニウムはくでおおい，十分に光を当てた。その後，エタノールで脱色してからヨウ素液にひたした。ヨウ素液にひたしたときの葉の模式図として最も適切なものを，次のア～エから1つ選び，符号で書きなさい。なお，模式図で黒くぬられている部分は，青紫色になった部分を示している。[岐阜県]　〔　　　〕

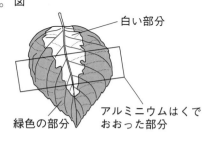

白い部分
アルミニウムはくでおおった部分
緑色の部分

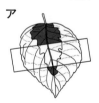   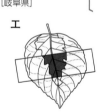

ア　　　　　イ　　　　　ウ　　　　　エ

動物の体のつくりとはたらき

ヒトの体内における血液の循環や，それぞれの臓器の役割を覚えよう。

3 図は，正面から見たヒトの体内における血液の循環について，模式的に表したものである。次の問いに答えなさい。 [長崎県・改]

(1) 図のA〜Dの血管のうち，静脈および静脈血が流れている血管の組み合わせとして最も適当なものは，次のどれか。 〔　　　〕

ア　静脈：AとC　静脈血が流れている血管：AとB

イ　静脈：AとC　静脈血が流れている血管：CとD

ウ　静脈：BとD　静脈血が流れている血管：AとB

エ　静脈：BとD　静脈血が流れている血管：CとD

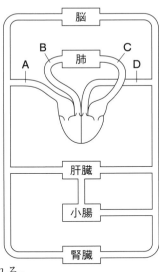

(2) ヒトの臓器や血管について説明した文として最も適当なものは，次のどれか。 〔　　　〕

ア　腎臓では，有害なアンモニアが害の少ない尿素に変えられる。

イ　小腸では，ブドウ糖からグリコーゲンが合成される。

ウ　静脈は動脈よりも血管の壁が厚く，血管内に弁という構造が見られる。

エ　動脈と静脈は毛細血管でつながっている。

動物のなかまと生物の進化

セキツイ動物の分類がよく出る。動物の特徴から5つのグループに分類できるようにしよう。

4 【超重要】ブリ，カエル，トカゲ，スズメ，イヌの特徴について，いろいろな見方で調べたことを右の表にまとめた。次の問いに答えなさい。

	ブリ	カエル		トカゲ	スズメ	イヌ
体表	うろこ	しめった皮膚		うろこ	羽毛	毛
呼吸器官	えら	幼生 えら	成体 （　X　）	肺	肺	肺
子のうまれ方	卵生	卵生		卵生	卵生	胎生

[富山県・改]

(1) 右の図は，ある動物A，Bについて周囲の温度と体温の関係を表したものである。Aのような体温調節の特徴をもつ動物を表中からすべて選び，動物名を書きなさい。

〔　　　　　　　　　　　　　　　　　　〕

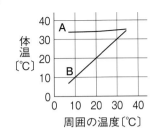

(2) 次の文は，カエルの呼吸のしかたについてまとめたものである。空欄（　X　），（　Y　）に適切なことばを書きなさい。なお，空欄（　X　）と表中の空欄（　X　）には同じことばが入る。　X〔　　　　　　　〕　Y〔　　　　　　　〕

> カエルの成体は呼吸器官である（　X　）だけでなく，（　Y　）でも呼吸している。また，カエルの幼生もえらだけでなく，（　Y　）でも呼吸している。

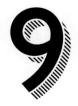

9 生命の連続性

解答・解説 | 別冊 p.35

生殖と遺伝

入試メモ　親がもつ遺伝子が子にどのように伝わるかを，しっかりおさえておこう。

出題率 38.5％　ランク 1

正答率

1　メンデルはエンドウを使って以下の実験を行い，遺伝の研究を行った。

> **【実験１】**　丸形の種子をつくる純系のエンドウの花に，しわ形の種子をつくる純系のエンドウの花粉を受粉させたところ，できた種子（子にあたる個体）は全て丸形であった。
> **【実験２】**　**実験１**でできた丸形の種子（子にあたる個体）を育てて自家受粉させると，できた種子（孫にあたる個体）は丸形としわ形の両方であった。

図１は**実験１**における遺伝子の受けつがれ方を，図２は**実験２**における遺伝のしくみと遺伝子の組み合わせを模式的に表したものであり，丸形の形質に対応する遺伝子をR，しわ形の形質に対応する遺伝子をr，染色体を▯としている。あとの問いに答えなさい。

［富山県］

図１

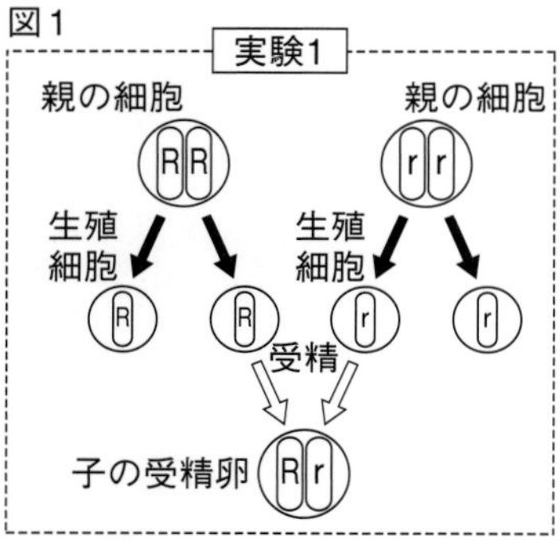

図２

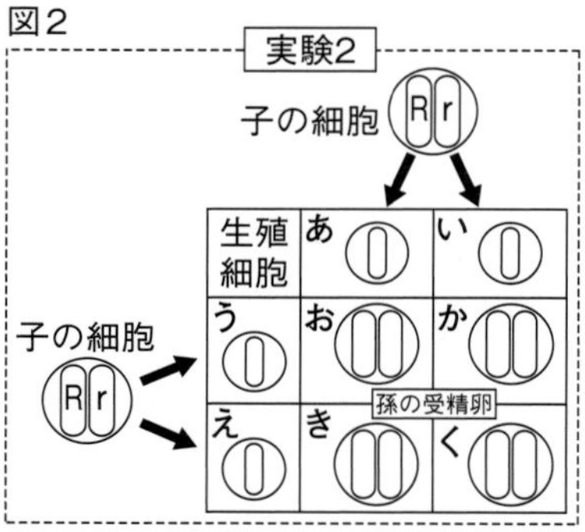

(1)　図１，図２において，➡は特別な細胞分裂を表している。このような細胞分裂を何というか，書きなさい。　〔　　　　〕

(2)　染色体に含まれている遺伝子の本体である物質を何というか，書きなさい。　〔　　　　〕

超重要 (3)　図２において，**く**がしわ形の形質を表すとすると，**お**と**か**の遺伝子の組み合わせはどのように表されるか，Rとrを使って右の図にかき入れなさい。

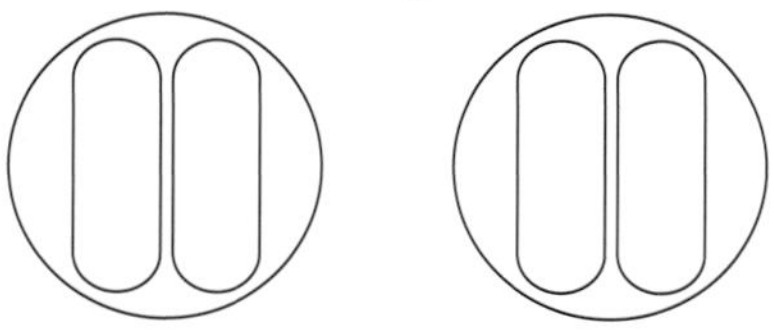

難 (4)　**実験２**でできた孫にあたる個体のうち，しわ形の種子の数は1850個であった。このとき，孫にあたる個体のうち，次の①，②の条件にあてはまる種子はいくつあると考えられるか，最も適切だと考えられる個数を下の**ア**～**オ**から１つずつ選び，記号で答えなさい。

①　丸形の種子　〔　　　　〕

②　丸形の種子のうち，Rとrの両方の遺伝子が含まれる種子　〔　　　　〕

ア　620個　　**イ**　1250個　　**ウ**　1850個　　**エ**　3700個　　**オ**　5550個

生物どうしのつながり

入試メモ 生物の数量のつり合い，分解者のはたらき，炭素の循環，地球温暖化がよく出題される。

 出題率 35.4%
 ランク 2

2 右の図は，自然界における炭素の循環を模式的に表したもので，図中の矢印は炭素の流れを示している。このうち，矢印**a**は植物のあるはたらきによる流れを，矢印**b**～**d**は生物の死がいや排出物を通した流れを示したものである。次の問いに答えなさい。　[青森県・改]

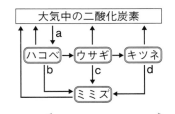

正答率 ▬82%

超重要 (1) あるはたらきとは何か，その名称を書きなさい。〔　　　　　　　　〕

(2) ミミズのように，生物の死がいや排出物から養分を得ている生物を，そのはたらきから何というか，書きなさい。〔　　　　　　　　〕

差がつく (3) ミミズと同じはたらきをする生物として適切なものを，次の**ア**～**オ**からすべて選び，記号で答えなさい。〔　　　　　　　　〕

ア ヘビ　　**イ** ダンゴムシ　　**ウ** モグラ　　**エ** コケ　　**オ** カビ

体細胞分裂

入試メモ 細胞分裂している部分を顕微鏡で観察した図で，細胞分裂が進む順番がよく問われる。

 出題率 14.6%
ランク 3

正答率

3 次の観察について，あとの問いに答えなさい。　[愛媛県・改]

【観察】 図1のように，水にタマネギをつけておくと，根が伸びてきた。その根を取り出し，次の図2の**X**のように先端から2mm間隔で印を付けた。この根を再び水にもどしたところ，根は2日後に図2の**Y**のように伸びていた。図3は，顕微鏡を用いて観察した，図2の**a**～**d**の部分の，それぞれの様子を模式的に表したものであり，図2の**a**～**d**のうち，細胞分裂の様子が観察できたのは**d**のみであった。

図1
タマネギ
根
水

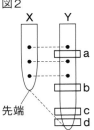

図2
X　　Y
a
b
c
d
先端

図3
aとbに見られる細胞	cに見られる細胞	dに見られる細胞
0.02mm	0.02mm	0.02mm

（dに見られる細胞の図中： q, r, p, s, t）

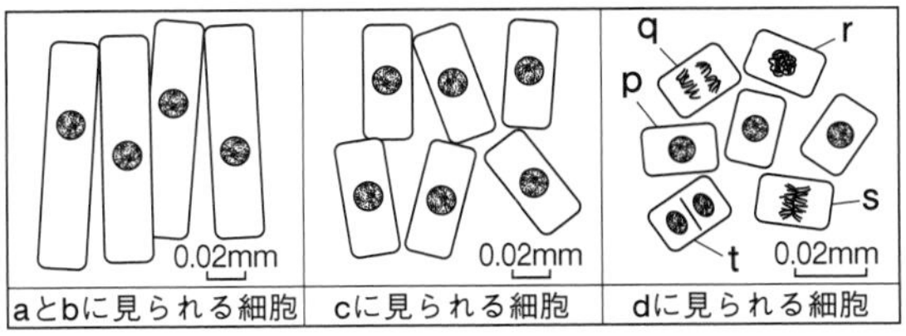

(1) 顕微鏡で観察するためのプレパラートをつくるときには，はじめにタマネギの根をうすい塩酸に入れる。この操作をする理由を，簡単に書きなさい。
〔　　　　　　　　　　　　　　　　　　　　　　　　　　〕

差がつく (2) 図3の**p**～**t**は，それぞれ細胞分裂の異なる段階の細胞を示している。**p**～**t**を細胞分裂が進む順序にしたがって並べるとどうなるか。**p**に続けて**q**～**t**の記号で書きなさい。〔　**p** →　　→　　→　　→　　〕

超重要 (3) 観察の結果をもとに，タマネギの根が伸びるしくみを，細胞の数と大きさに触れながら，「細胞分裂によって」に続けて簡単に書きなさい。
〔 細胞分裂によって　　　　　　　　　　　　　　　　　〕

10 大地の成り立ちと変化

解答・解説｜別冊 p.36

大地の変化

入試メモ れき，砂，泥の粒の大きさのちがいから，地層がどのように堆積したかを問う問題がよく出る。

出題率 **39.6%**　ランク **1**

正答率

1 超重要

ある丘陵に位置する4地点 A，B，C，D で，ボーリングによって地下の地質調査を行った。図1は，地質調査を行ったときの，各地点 A～D の地層の重なり方を示した柱状図である。また，図2は，各地点 A～D の地図上の位置を示したものであり，地図中の曲線は等高線を表している。図1，2をもとにして，あとの問いに答えなさい。ただし，地質調査を行ったこの地域の各地層は，ある傾きをもって平行に積み重なっており，曲がったり，ずれたりせず，地層の逆転もないものとする。

[新潟県]

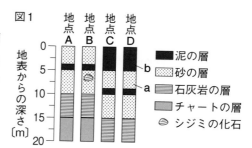

図1

地点A　地点B　地点C　地点D

■ 泥の層
□ 砂の層
▤ 石灰岩の層
▨ チャートの層
◎ シジミの化石

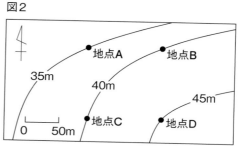

図2

35m　40m　45m

地点A　地点B　地点C　地点D

0　50m

(1) 次の文は，石灰岩について述べたものである。文中の X ， Y にあてはまる語句の組み合わせとして，最も適当なものを，下のア～エから1つ選び，記号で答えなさい。　〔　　　〕　**48%**

> 石灰岩は X などが堆積した岩石であり，主に Y という物質からできている。

ア 〔 X．火山灰，　Y．炭酸カルシウム 〕
イ 〔 X．火山灰，　Y．水酸化カルシウム 〕
ウ 〔 X．貝殻，　　Y．炭酸カルシウム 〕
エ 〔 X．貝殻，　　Y．水酸化カルシウム 〕

(2) 地点 B の砂の層に含まれていたシジミの化石から，地層が堆積した当時の自然環境を知ることができる。このような化石を何というか。〔　　　〕　**79%**

(3) 地点 D は，a の砂の層が堆積した期間より，b の泥の層が堆積した期間の方が，河口から遠かったと考えられるのはなぜか。その理由を書きなさい。　**30%**
〔
　　　　　　　　　　　　　　　　　　　　　　　　　　　　　　　　　　　　　　〕

(4) 図2について，この地域の地層はある方角に低くなるように傾いている。どの方角に向かって低くなっているか，最も適当なものを，次のア～カから1つ選び，記号で答えなさい。　〔　　　〕　**23%**

ア 東　　イ 西　　ウ 北　　エ 南　　オ 北西　　カ 南東

火をふく大地

入試メモ　マグマのねばりけによって異なる火山や火山噴出物の特徴を問う問題がよく出る。

出題率 31.3%　ランク 2

2 火山には，右の図のA～Cのように異なるいくつかの形状があり，噴出する火山灰に含まれる鉱物の種類や割合にも特徴がある。　[愛媛県・改]

(1) 図のA～Cのうち，最も黒っぽい火山灰を噴出する火山はどれか。最も適当なものを1つ選び，記号で答えなさい。　〔　　　〕

(2) 次の文の①，②の｛　｝の中から，それぞれ最も適当なものを1つずつ選び，記号で答えなさい。

①〔　　　〕②〔　　　〕

　　図のA～Cの火山のうち，Aの火山を形成したマグマのねばりけが，最も

①｛**ア**．強い　**イ**．弱い｝。また，Aの火山が噴火した場合は，

②｛**ウ**．激しい　**エ**．おだやかな｝噴火になることが多い。

正答率 ■78%

英語・数学・理科・社会・国語

ゆれる大地

入試メモ　複数の地点でのP波とS波の記録から，地震発生の時刻を求める問題がよく出題される。

出題率 31.3%　ランク 2

3 図1は，ある地震のA～Dの4地点におけるゆれの記録をまとめたものであり，P波とS波によるゆれの始まりの時刻と震源からの距離との関係を表している。あとの問いに答えなさい。　[富山県]

図1
●はP波によるゆれの始まりを表す
○はS波によるゆれの始まりを表す

(1) S波によるゆれを何というか，書きなさい。　〔　　　〕

超重要 (2) P波の伝わる速さは何km/sか，求めなさい。　〔　　　km/s〕

差がつく (3) この地震が発生した時刻を求めなさい。　〔　　　〕

(4) この地震において，震源からの距離と初期微動継続時間の関係を表すグラフを，図2にかき入れなさい。

図2

思考力 (5) 同じ震源で，この地震よりマグニチュードの値が大きな地震が発生した場合，A地点での初期微動継続時間の長さとS波によるゆれの大きさはそれぞれどうなるか，書きなさい。

初期微動継続時間の長さ〔　　　　　　〕

S波によるゆれの大きさ〔　　　　　　〕

正答率

11 気象と大気

解答・解説｜別冊 p.36

気象観測と天気の変化

入試メモ　天気図記号に関する問題や，乾湿計を読みとって湿度を求める問題がねらわれやすい。

出題率 43.8%　ランク 1

正答率

1 超重要

ある日の午前11時に学校で，天気，風向，風力を調べた。図は，その結果を，天気図に使う記号で表したものである。また，この日の午前11時に学校で，乾湿計を用いて，乾球温度計の示す温度と湿球温度計の示す温度を読みとった。**表1**は，その結果をまとめたものである。次の問いに答えなさい。　[三重県]

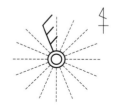

(1) この日の午前11時に学校で調べた天気と風向は何か，それぞれ書きなさい。　**天気**〔　　　　　〕　**風向**〔　　　　　〕

表1

乾球温度計の示す温度	湿球温度計の示す温度
10.0℃	6.0℃

■74%
■78%

(2) 乾湿計を用いて測定する際に，どのような場所で測定するべきか，次の**ア～エ**から最も適当なものを1つ選び，記号で答えなさい。　〔　　　　〕

ア 地面付近の高さで，風の通りにくい日かげで測定する。

イ 地面付近の高さで，風通しのよい日かげで測定する。

ウ 地上約1.5mの高さで，風の通りにくい日かげで測定する。

エ 地上約1.5mの高さで，風通しのよい日かげで測定する。

■67%

(3) **表2**は，湿度表の一部を示したものである。この日の午前11時の学校での湿度は何%か，求めなさい。

〔　　　　%〕

表2

乾球温度計の示す温度〔℃〕	乾球温度計の示す温度と湿球温度計の示す温度の差〔℃〕					
	3.5	4.0	4.5	5.0	5.5	6.0
11	57	52	46	40	35	29
10	56	50	44	38	32	27
9	54	48	42	36	30	24
8	52	46	39	33	27	20
7	50	43	37	30	23	17
6	48	41	34	27	20	13

■64%

2 思考力

グラフはある年の3月12日1時から13日24時までの福島市での気温，気圧の変化を示したものである。福島市では，このグラフの期間に寒冷前線が通過した。前線が通過したと考えられる時間帯を，次の**ア～カ**から1つ選び，記号で答えなさい。　[福島県・改]

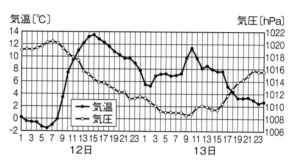

〔　　　　〕

ア 12日9時から11時　　**イ** 12日14時から16時　　**ウ** 13日3時から5時

エ 13日6時から8時　　**オ** 13日9時から11時　　**カ** 13日17時から19時

空気中の水蒸気の変化

入試メモ 金属製のコップの表面に水滴がつき始めるときの温度を調べる実験がよく出題される。

出題率 34.4% ランク 2

正答率

3 理科室の空気にふくまれる水蒸気が凝結し始める温度を調べた次の実験について，あとの問いに答えなさい。 [宮城県]

【実験】

① 室温の水を金属製のコップに3分の1程度まで入れて，コップの中の水の温度をはかったところ，18.7℃で，このときの理科室の湿度は62.5%であった。

② 右の図のように，コップの中の水をガラス棒でかき混ぜながら，ビーカーに入れた氷水を少しずつ加え，コップの表面に水滴がつき始めたときの，コップの中の水の温度をはかったところ，11.0℃であった。

ガラス棒
ビーカー
温度計
氷水
金属のコップ

差がつく (1) 次の文は，この実験で金属製のコップを用いた理由について述べたものである。内容が正しくなるように，①，②の（ ）の中から，それぞれ適当なものを1つずつ選び，記号で答えなさい。 ① [　　] ② [　　]

■■70%

> 金属製のコップを用いたのは，金属が熱を①（**ア**．伝えやすく　**イ**．伝えにくく），コップの中の水の温度と，コップの表面付近の空気の温度が②（**ウ**．同じになる　**エ**．大きく異なる）ようにできるからである。

思考力 (2) 11.0℃での飽和水蒸気量は10g/m³である。18.7℃での飽和水蒸気量は何g/m³か，求めなさい。 [　　 g/m³]

□16%

大気の動きと日本の天気

入試メモ 四季の天気図と気圧配置の様子は頻出で，大気の動きとからめて出題されることが多い。

出題率 32.3% ランク 3

正答率

4 図1，2は，冬と夏の時期の日本列島付近の天気図をそれぞれ表したものである。次の問いに答えなさい。 [高知県]

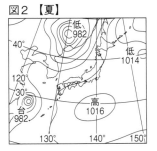

図1【冬】　図2【夏】

超重要 (1) 図1は，冬のある日の天気図である。この日の気圧配置について述べた次の文中の ▢A▢・▢B▢ にあてはまる方位を，それぞれ東，西，南，北から1つずつ選びなさい。 A [　　] B [　　]

■■66%

> この日の日本列島付近の気圧配置は，典型的な冬型の「▢A▢高▢B▢低の気圧配置」である。

差がつく (2) 夏に，図2のようにユーラシア大陸に低気圧が発達しやすい理由を，陸と海のあたたまり方の違いを説明したうえで，「上昇気流」の語を使って，書きなさい。

□10%

[　　　　　　　　　　　　　　　　　　　]

英語
数学
理科
社会
国語

12 地球の運動と宇宙

解答・解説｜別冊 p.37

地球の運動と天体の動き

 太陽の動きを調べる観察がねらわれやすく，日の出などの時刻を求める計算問題がよく出る。

出題率 50.0% ランク 1

正答率

1 地球の運動と天体の動きについて，あとの問いに答えなさい。 [富山県]

Ⅰ．図1は，公転軌道上の地球と太陽および星座の位置関係を模式的に示したものである。A〜Dは，日本における春分，夏至，秋分，冬至のいずれかの日の地球の位置を表している。

図1

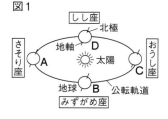

超重要 (1) 地球がAの位置にあるとき，日本において日没後，さそり座が見え始めるのはどの方角か。次のア〜エから1つ選び，記号で答えなさい。 〔　　　　〕

ア 東　　イ 西　　ウ 南　　エ 北

(2) 地球がBの位置にあるとき，地球から，しし座を見ることができない。この理由を「方向」ということばを使って簡単に書きなさい。

〔　　　　　　　　　　　　　　　　　　　　　　　　　　　　　　　　〕

Ⅱ．富山県で，ある日の太陽の1日の動きを観察し，太陽の動きを調べた。

【観察】

㋐ 図2のように，厚紙の上に透明半球を固定し，サインペンの先のかげが，円の中心にくるようにして，9時から15時までの間，1時間ごとに太陽の位置を透明半球に記録し，その時刻を記入した。

図2

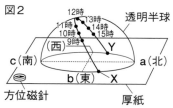

㋑ 印をつけた点をなめらかな線で結び，太陽の軌跡をかいた。

㋒ 太陽の軌跡が透明半球のふちと交わる点をそれぞれ，X，Yとした。

㋓ 軌跡に紙テープを当て，印と時刻を写しとり，定規で印と印の間隔をはかった。

差がつく (3) Xから9時の印までの間隔は9cmで，XからYまでの間隔は29.5cmであった。この日の日の出の時刻が4時30分であったとすると，日の入りの時刻は何時何分になるか，求めなさい。 〔　　　　　　〕

思考力 (4) 観察を行った日から3か月後，富山県で同じように太陽の軌跡をかき，透明半球を東側の真横から見ると，軌跡が図3のような線になった。この日に赤道上の場所で太陽の1日の動きを記録すると，軌跡はどのようになるか。東側の真横から見た様子を図3に線で書き入れなさい。

図3

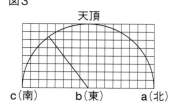

太陽系と銀河系

入試メモ 黒点の観察からわかることについて記述させる問題や，黒点について問う問題がよく出る。

出題率 38.5%　ランク 2

正答率 83%

2 ［超重要］ ある地点で投影板を取り付けた天体望遠鏡を使い太陽を観察しスケッチしたところ，黒点は図1のようであった。同じ地点で同様に太陽を観察しスケッチしたところ，図1で観察した黒点が，3日後には図2のように移動し，6日後には図3のように移動していた。観察から分かる太陽の運動と，太陽のように自ら光を放つ天体の名称を組み合わせたものとして適切なものを，右の表のア～エから1つ選び，記号で答えなさい。［東京都］

図1　黒点
図2　黒点
図3　黒点

	観察から分かる太陽の運動	太陽のように自ら光を放つ天体の名称
ア	自転	恒星
イ	公転	恒星
ウ	自転	惑星
エ	公転	惑星

〔　　　　　〕

天体の見え方と日食・月食

入試メモ 月と金星の形を問う問題はともによく出る。太陽と地球との位置関係をしっかり理解しよう。

出題率 38.5%　ランク 2

正答率

3 ［超重要］ 図1は，日本のある場所で1週間同じ時刻に観察した月の形と位置を表したものである。日がたつにつれて，月が形を変えながら移動していく様子が見られた。また，図2は地球の北極側から見た，地球のまわりを動く月の軌道と，太陽の光を模式的に示したものである。次の問いに答えなさい。［長崎県］

図1

南　南西　西

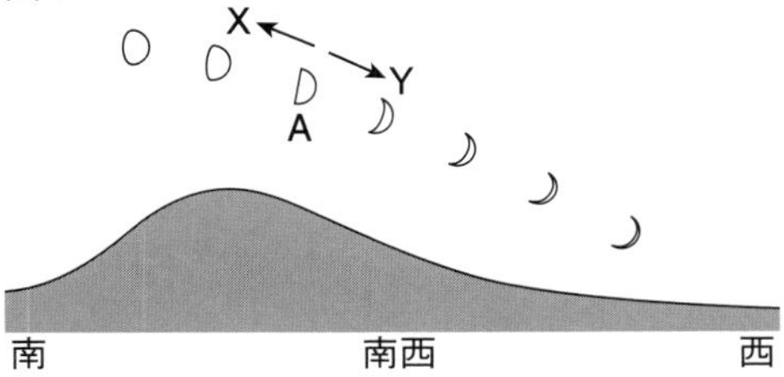

図2
月の軌道
ア
イ　地球 北極　エ
ウ
太陽の光

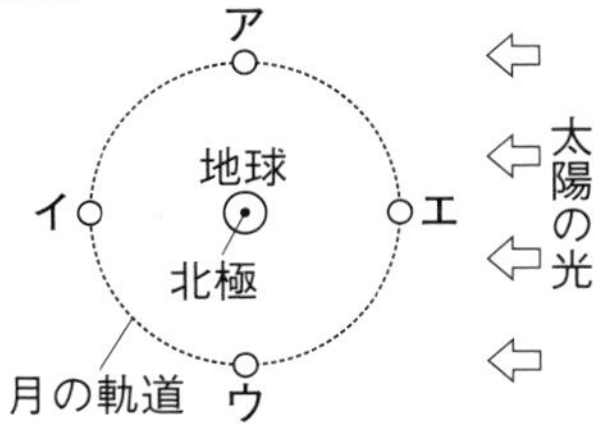

(1) 図1の**A**のように月が見えたときの月の位置として最も適当なものを，図2のア～エから選び，記号で答えなさい。また，同じ時刻に見える月の位置は，日がたつにつれて図1の**X**，**Y**のどちらの方向に移動したか，記号で答えなさい。　**位置**〔　　〕**移動方向**〔　　〕

44%

(2) 地球から見ると，月が満ち欠けするように，金星も満ち欠けをする。図3は，ある日の金星が見える時間帯に，天体望遠鏡で観察した金星の見え方を，肉眼で見たときの向きに直したものである。図3の金星を観察した時間帯と方角として最も適当なものを，次のア～エから選び，記号で答えなさい。　〔　　〕

図3

ア　明け方，東　　イ　明け方，西
ウ　夕方，東　　エ　夕方，西

46%

(3) 月の公転によって，日食が起きることがある。その理由を，太陽，地球，月の位置関係にふれて説明しなさい。

〔　　　　　　　　　　　　　　　　　　　　　　　　　　　　　　　〕

43%

英語　数学　理科　社会　国語

世界のすがた

解答・解説｜別冊 p.38

世界各地の人々の生活と環境

入試メモ 世界の宗教の分布や特徴が問われやすい。世界各地の衣食住は気候と関連して出題される。

出題率 **70.8%**　ランク **1**

正答率

1
思考力

右の地図を見て，次の問いに答えなさい。

(1) 資料Ⅰは，地図に示したロシアとパプアニューギニアで見られる住居である。次の文は，資料Ⅰをもとに，この2つの国で見られる建物の特徴についてまとめたものである。文中の Y に共通してあてはまる2つの建物の特徴を，資料Ⅰから読み取れることにふれて，書きなさい。［三重県］

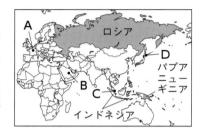

[　　　　　　　　　　　　　　　　　　　　]

> ロシアでは，建物から出る熱で永久凍土がとけて建物がかたむくことを防ぐため，また，夏に永久凍土がとけて水はけが悪くなることへの対策として， Y 。
> パプアニューギニアでは，風通しをよくして暑さや湿気をやわらげるため， Y 。

■■88%

資料Ⅰ
ロシアで見られる住居

パプアニューギニアで見られる住居

(2) 資料Ⅱのア～エのグラフは，地図にあるA～Dのそれぞれの都市の気温と降水量を表したものである。地図にあるBの都市にあてはまるグラフを，上のア～エから1つ選び，記号で答えなさい。［茨城県］

資料Ⅱ　　　　　　　　　　　　　　　　　（令和5年版「理科年表」）

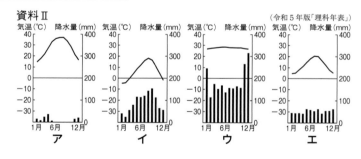

[　　　　　　]

超重要 **(3)** 夕夏さんは，地図中のインドネシアの宗教について調べ，右の文にまとめた。文中の□□□に入る内容として最も適切なものを，次のア～エから1つ選び，記号で答えなさい。［宮崎県］

> インドネシアで約9割の人が信仰する宗教は，酒や豚肉を口にせず，年に約1か月の間，昼間の断食を実行するという決まりがある。また，この宗教は，□□□という特徴がある。

ア おもに東南アジアや東アジアに広がっている

イ 特定の民族や地域と強く結びついて信仰されている

ウ 1日に5回，聖地の方角を向いてお祈りをする

エ 聖書を読むことを大切にし，日曜日には教会に行く

[　　　　　　]　■■62%

地球のすがた

入試メモ 図法ごとの方位と距離がよく問われる。地図の種類とその特徴を理解しておこう。

出題率 65.6% ランク 2

2 次の問いに答えなさい。

(1) 図Ⅰ中の**X**の海洋名を，次の**ア**〜**エ**から1つ選び，記号で答えなさい。
[山口県] 〔　　　〕

ア　太平洋
イ　大西洋
ウ　インド洋
エ　地中海

図Ⅰ　北半球　　　　図Ⅱ　南半球

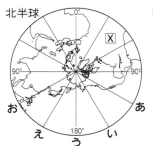

(注)経線は30度間隔で引いてある。
（「中学校社会科地図」他）

(2) 図Ⅰ中の**あ**〜**お**の経線のうち，オーストラリア大陸を通過するものを，すべて選び，記号で答えなさい。[山口県] 〔　　　〕

(3) 図Ⅱ中の**Y**の大陸名を書きなさい。[福島県] 〔　　　〕　■85%

思考力 (4) 右の地図中の**PQ**間の実際の距離はおよそどれくらいか。地球の周囲を40,000 kmとして，適切な距離を次の**ア**〜**エ**から1つ選び，記号で答えなさい。[岐阜県] 〔　　　〕

ア　約2,500 km　　イ　約3,300 km
ウ　約5,000 km　　エ　約7,500 km

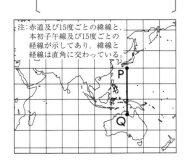

注：赤道及び15度ごとの緯線と，本初子午線及び15度ごとの経線が示してあり，緯線と経線は直角に交わっている。

世界の国々

入試メモ 州区分だけでなく，人口，面積，国境線，国名，国旗などに特徴のある国々から出題される。

出題率 29.2% ランク 3

3 次の問いに答えなさい。

(1) 世界を6つの州に分けたとき，**A**〜**E**国のいずれも属していない州の名前を書きなさい。[石川県]
〔　　　〕

(2) 略地図中のエチオピアは，国土が全く海に面していない。このような国土が全く海に面していない国は，一般に何と呼ばれるか，書きなさい。
[香川県] 〔　　　〕

差がつく (3) 資料は，略地図中の□で囲まれた部分を拡大したものである。この資料の国境線には，かつてヨーロッパの国々が，民族分布とは関係なく領土を分割していた特徴が見られる。その特徴を書きなさい。[鹿児島県]
〔　　　〕　■53%

資料

— は国境線を示す。(国境線の一部に未確定部分がある。)
‥‥ は民族分布のおよその範囲を示す。
（「世界民族言語地図」他）

2 世界の諸地域

解答・解説│別冊 p.38

アジア・アフリカ・ヨーロッパ

 統計資料や分布図の読み取り問題が多い。農業は気候と関連付ける。

正答率

1 次の問いに答えなさい。

(1) 地図Ⅰは，中国の行政区（自治区と台湾（たいわん）を除く）別の1人当たり国内総生産が10万元以上の行政区を■の色で示し，外国企業の進出を受け入れた沿海部の重点開発地区を●で示したものである。これらの重点開発地区を何というか，書きなさい。［茨城県］

〔　　　　　〕

地図Ⅰ

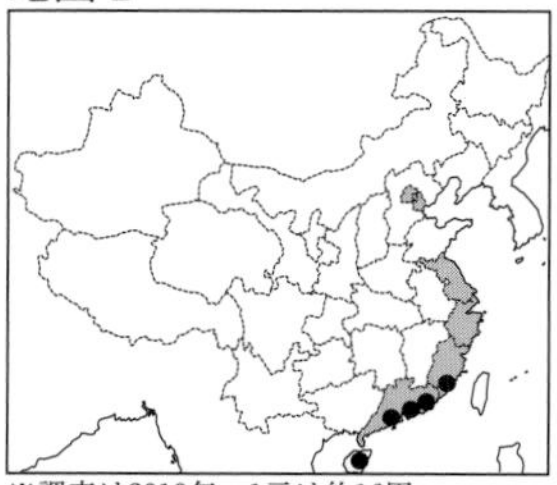

※調査は2019年。1元は約16円。
（2020年版「中国統計年鑑」）

地図Ⅱ

地図Ⅲ

資料Ⅰ　輸出品目割合

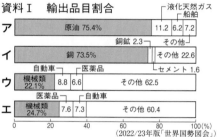

ア 原油 75.4%　11.2　6.2　7.2 ┌液化天然ガス ┌船舶

イ 銅 73.5%　その他 22.6 ┌銅鉱 2.3　└その他 └セメント 1.6

ウ 機械類 22.1%　8.8　6.6　その他 62.5 ┌自動車 ┌医薬品

エ 機械類 24.7%　7.6　7.3　その他 60.4 ┌医薬品 ┌自動車

0　20　40　60　80　100(%)
（2022/23年版「世界国勢図会」）

思考力 (2) 地図Ⅱ，Ⅲ中の**ア〜エ**の国について，資料Ⅰ，Ⅱから読み取れる，**ウ**，**エ**と比べた，**ア**，**イ**に共通する特色を，「資源」の語句を使って書きなさい。
［福岡県］〔　　　　　　　　　　〕

資料Ⅱ　国内総生産

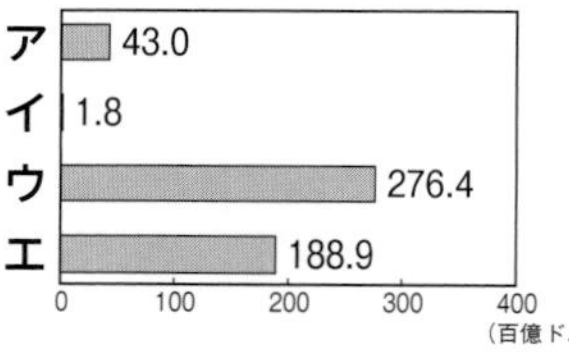

ア 43.0
イ 1.8
ウ 276.4
エ 188.9

0　100　200　300　400
（百億ドル）
（2022/23年版「世界国勢図会」）

■ 50%

(3) フランスの多くの地域では，小麦などの生産と家畜の飼育を組み合わせた農業が行われている。この農業を何というか，書きなさい。［滋賀県］

〔　　　　　〕

■ 33%

(4) 次の文中の □X□ に共通してあてはまる地域統合のための組織の名称（めいしょう）を書きなさい。［愛媛県］

〔　　　　　〕

□X□ の加盟国のうちの多くの国は，□X□ の共通通貨であるユーロを導入している。

■ 87%

(5) 資料Ⅲは，さとうきび，カカオ豆，茶の生産上位5か国である。**A〜C**にあてはまるものを，次の**ア〜ウ**から1つずつ選び，記号で答えなさい。［沖縄県・改］

A〔　　　〕B〔　　　〕C〔　　　〕

ア さとうきび　**イ** カカオ豆　**ウ** 茶

資料Ⅲ

2020年	A	B	C
1位	コートジボワール	中国	ブラジル
2位	ガーナ	インド	インド
3位	インドネシア	ケニア	中国
4位	ナイジェリア	アルゼンチン	パキスタン
5位	エクアドル	スリランカ	タイ

（2022/23年版「世界国勢図会」）

南北アメリカ・オセアニア

入試メモ　北アメリカ州は民族分布，南アメリカ州は熱帯と高山気候を題材に問われやすい。

出題率 68.8%　ランク 2

正答率

2 次の問いに答えなさい。

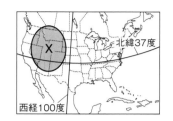

北緯37度
西経100度

(1) アメリカ合衆国の北緯37度より南側では，コンピュータや航空機・宇宙産業などの先端技術（ハイテク）産業が盛んに行われている。この地域を何というか，書きなさい。[富山県] 〔　　　　　〕

(2) 地図中の**X**は，おもにどのような農業が行われている地域か。次の**ア〜エ**から1つ選び，記号で答えなさい。[富山県] 〔　　　〕
　　ア 放牧　　**イ** 酪農　　**ウ** 綿花栽培　　**エ** 大豆・とうもろこし栽培

（超重要）(3) アメリカ合衆国には，スペイン語を話す，メキシコや西インド諸島の国々などから移り住んできた人々がいる。この人々は何と呼ばれているか。その名称として最も適当なものを，次の**ア〜エ**から1つ選び，記号で答えなさい。[新潟県] 〔　　　〕

　　ア イヌイット　　　**イ** アボリジニ
　　ウ マオリ　　　　　**エ** ヒスパニック

──84%

(4) 次の文を読んで，あとの問いに答えなさい。[宮城県]

Y
Z

> ○**Y**の川の流域で見られる農業
> 　流域の森林を伐採し，この木を燃やしてできた灰を肥料にして，いもなどの作物を栽培。
> ○**Z**の山脈で見られる農業
> 　標高の高いところで，リャマやアルパカの放牧。

① **Y**の川の流域で見られる，文中の下線部のような農業を何というか，次の**ア〜エ**から1つ選び，記号で答えなさい。〔　　　〕
　　ア 焼畑農業　　**イ** 地中海式農業　　**ウ** 混合農業　　**エ** 酪農

──89%

② **Z**の山脈の名称について正しいものを，次の**ア〜エ**から1つ選び，記号で答えなさい。　　　　〔　　　〕
　　ア ロッキー山脈　　**イ** ヒマラヤ山脈
　　ウ アルプス山脈　　**エ** アンデス山脈

──68%

(5) 右の図中の **A** ， **B** にあてはまる品目を，次の**ア〜エ**から1つずつ選び，記号で答えなさい。[山梨県] A〔　　　〕 B〔　　　〕
　　ア とうもろこし　　**イ** 牛肉
　　ウ 鶏肉　　　　　　**エ** 大豆

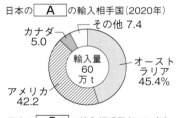

日本の **A** の輸入相手国（2020年）
その他 7.4
カナダ 5.0
輸入量 60万t
オーストラリア 45.4%
アメリカ 42.2

A ──63%

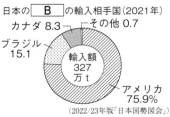

日本の **B** の輸入相手国（2021年）
カナダ 8.3　その他 0.7
ブラジル 15.1
輸入額 327万t
アメリカ 75.9%

（2022/23年版「日本国勢図会」）

B ──38%

（超重要）(6) オーストラリアについて述べた文として最も適当なものを，次の**ア〜エ**から1つ選び，記号で答えなさい。[福井県・改] 〔　　　〕

　　ア イギリスの植民地であったころ，アパルトヘイト（人種隔離政策）が実施された。
　　イ 人口10万人以上の都市は，乾燥した内陸部に集中している。
　　ウ 北西部に鉄鉱石が分布し，大規模な露天掘りが行われている。
　　エ 2010年以降の貿易相手国では，イギリスが輸出入総額で第1位である。

英語
数学
理科
社会
国語

3 日本のすがた

解答・解説 | 別冊 p.39

世界から見た日本

 入試メモ　地形，分布図，人口，資源・エネルギー，産業から幅広く出題される。資料問題も多い。

 出題率 85.4% ランク 1

正答率

1　次の問いに答えなさい。

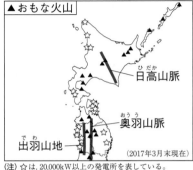

▲おもな火山

日高山脈
奥羽山脈
出羽山地

(2017年3月末現在)

(注)☆は，20,000kW以上の発電所を表している。
(「新エネルギー・産業技術総合開発機構資料」)

(1)　地図中の☆は，再生可能エネルギーを利用する，ある種類の発電所を表している。この発電所の種類を，次のア～エから1つ選び，記号で答えなさい。[青森県] 〔　　　　　〕　　■□ 73%

　　ア　地熱発電所　　　イ　水力発電所
　　ウ　原子力発電所　　エ　風力発電所

(2)　日本列島は，標高の高い山々や火山が連なっている。日本列島が位置している造山帯を何というか，書きなさい。[青森県] 〔　　　　　　　　　　〕　　■■ 90%

(3)　プラチナやコバルトなどのように，埋蔵量が少なく，純粋な金属として取り出すことが難しい金属を何というか，カタカナ5字で書きなさい。[大分県] 〔　　　　　　　　　　〕

難▶(4)　資料Ⅰ中のa～dは，南アフリカ共和国，インド，ロシア，中国のいずれかである。インドにあたるものを，a～dから1つ選び，記号で答えなさい。[兵庫県・改] 〔　　　　　〕

資料Ⅰ

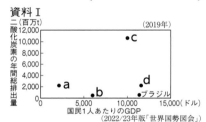

二酸化炭素の年間総排出量（百万t）　(2019年)

国民1人あたりのGDP（ドル）
(2022/23年版「世界国勢図会」)

超重要▶(5)　資料Ⅱは，中京工業地帯，阪神工業地帯，瀬戸内工業地域における2019年の工業別製造品出荷額の割合を表している。A～Cにあてはまるものを，次のア～ウから1つずつ選び，記号で答えなさい。[徳島県・改]

　　A〔　　　〕B〔　　　〕C〔　　　〕
　　ア　機械　　イ　化学　　ウ　金属

資料Ⅱ

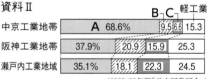

	A		B	C	軽工業
中京工業地帯	68.6%		9.5	6.6	15.3
阪神工業地帯	37.9%	20.9	15.9		25.3
瀬戸内工業地域	35.1%	18.1	22.3		24.5

(2022/23年版「日本国勢図会」)

思考力▶(6)　次の文の　X　にあてはまるグラフを，ア，イから選びなさい。また，　Y　にあてはまる内容を，「重量」という語句を使い，簡単に書きなさい。[北海道]

　　X〔　　　　　〕
　　Y〔　　　　　　　　　　　　　　　　〕　　■■ 53%

　　　ア，イのグラフは，ある県の空港と港のいずれかにおける輸出総額の内訳を示したものである。空港のものを示しているのは，　X　のグラフである。ア，イのグラフを比較すると，航空輸送が利用されるのは，　Y　を運ぶときであるということがわかる。

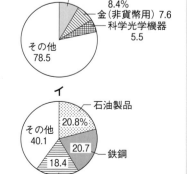

ア
半導体等製造装置 8.4%
金(非貨幣用) 7.6
科学光学機器 5.5
その他 78.5

イ
石油製品 20.8%
その他 40.1
鉄鋼 20.7
有機化合物 18.4
(2022/23年版「日本国勢図会」)

日本の位置と領域

入試メモ 時差に関する問題では計算が必要となる。15度につき1時間の時差が生じることを覚えておく。

出題率 **42.7**% ランク **2**

正答率

2 次の問いに答えなさい。

超重要

(1) わが国の国土やその特徴について述べた次の文のうち，内容が適当なものを，次のア～エから1つ選び，記号で答えなさい。[岡山県] 〔　　　　〕

ア 排他的経済水域の面積は国土面積よりも小さい。

イ 本州の中央部をフォッサマグナが東西に横断している。

ウ 国土面積の約40％を山地が占めている。

エ 国土の東端は南鳥島，西端は与那国島である。

(2) 日本の標準時子午線を示すものとして最も適当なものを，地図Ⅰ中の①～④から1つ選び，番号を書きなさい。[熊本県] 〔　　　　〕

地図Ⅰ
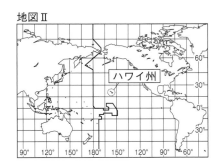

■□ 59%

差がつく (3) ハワイ州について調べるため，現地の学校とテレビ電話で話をすることになった。日本時間の3月3日午前9時に話を始めるとき，ハワイ州は何月何日の午前または午後何時になるか，地図Ⅱを参考にして書きなさい。なお，ハワイ州は西経150度を標準時子午線としている。[山梨県]

〔　　　　　　　　　　　　　〕

地図Ⅱ

■□ 47%

地域区分と都道府県

入試メモ 日本の地域区分以外にも，県名と県庁所在地名の異なる県はよく問われる。

出題率 **27.1**% ランク **3**

正答率

3 次の問いに答えなさい。

(1) 右の地図中のXの県は，日本を七地方に区分したとき，どの地方に含まれるか，書きなさい。[北海道]

〔　　　　　　　　　〕

■■□ 90%

(2) 右の地図中に示した新潟県が接している県はいくつあるか，その数を書きなさい。[三重県] 〔　　　県〕

■□ 43%

(3) 下の地図Ⅰ～Ⅳ中のa～dは，県庁所在地を示している。県名と県庁所在地名が同じものを，次のa～dから1つ選び，記号で答えなさい。[鹿児島県] 〔　　　　〕

■■□ 56%

新潟県

X

Ⅰ 　Ⅱ 　Ⅲ 　Ⅳ

英語 数学 理科 **社会** 国語

4 日本の諸地域

解答・解説 別冊 p.39

中部地方～北海道地方

 入試メモ　中部地方は，北陸，中央高地，東海の地域ごとに，産業，文化などに違いがあり，出題が多い。

出題率 68.1%　ランク 1

正答率

1 次の問いに答えなさい。

(1) 次の文は，地図中の**P**県の産業について述べたものである。**X**，**Y**の｛　｝から適当なものを，1つずつ選び，記号で答えなさい。[福島県・改] **X**〔　　　〕 **Y**〔　　　〕

> **P**県では，農家の副業などから発達した**X**｛**ア** 地場　**イ** 先端技術｝産業が見られる。特に，**Y**｛**ウ** 加賀友禅　**エ** 西陣織｝は伝統的工芸品として全国に知られている。

(2) グラフ**I**は，みかん，茶の都道府県別の生産の割合を示したものである。グラフ**I**中の**A**に共通してあてはまる都道府県名を答えなさい。[鳥取県]〔　　　〕

(3) グラフ**II**は，じゃがいも，小麦の都道府県別収穫量の割合を示している。グラフ**II**中の**B**に共通してあてはまる都道府県名を答えなさい。[山口県]〔　　　〕

グラフ**I**

みかん(2021年)　和歌山 19.7%　全国 749,000t　愛媛 17.1　**A** 13.3　熊本 12.0　長崎 6.9　その他 31.0

茶(2021年)　京都 3.1　宮崎 3.9　三重 6.9　**A** 38.0%　全国 78,100t　鹿児島 33.9　その他 14.2

(2023/24年版「日本国勢図会」他)

(4) 次の文は，大都市周辺の農業の特徴について述べたものである。文中の　　にあてはまる語句を書きなさい。[栃木県]〔　　　〕

グラフ**II**

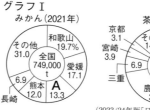

じゃがいも(2021年)　**B** 77.5%　鹿児島県 4.2　長崎県 3.8　その他 14.5

小麦(2022年)　**B** 61.8%　福岡県 7.6　佐賀県 5.7　その他 24.9

(2023/24年版「日本国勢図会」)

> 大都市周辺では，消費地に近い立地を生かして，輸送にかかる費用や時間を抑え，野菜や果物などを新鮮なうちに出荷する　　農業が行われている。

差がつく▶ (5) 次の文は，東北地方の気候について述べたものである。文中の　　にあてはまる文を，「北東」，「やませ」の2つの語句を使って，10字以上15字以下で書きなさい。[愛知県]〔　　　〕

> 東北地方の太平洋側は，寒流である親潮の影響を受け，　　ことがある。これにより，夏でも気温が上がらない日が続き，農作物などに影響を与える冷害をもたらすことがある。

(6) 上の地図中の**Q**県に見られる特色として最も適当なものを，次の**ア**～**エ**から1つ選び，記号で答えなさい。[鹿児島県]〔　　　〕

ア 年降水量が少ないため，多くのため池がつくられている。

イ 米などの豊作を祈る竿燈まつりが行われている。

ウ 日本で有数の貿易港である成田国際空港がある。

エ 都道府県別の自動車の生産額において1位となっている。

88%
73%
71%

身近な地域の調査

入試メモ　地形図の読み取りが中心。地図記号や方位，縮尺から実際の距離を求める計算がよく出る。

出題率 58.3%　ランク 2

正答率

2 甲府盆地の一部を示した右の地形図を見て，次の問いに答えなさい。[群馬県・改]

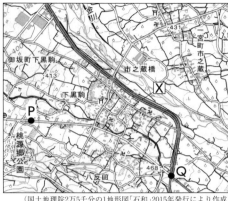

(国土地理院2万5千分の1地形図「石和」2015年発行により作成)

(1) この地域は，川が山間部から平野や盆地に出たところに，土砂がたまってできた地形となっている。このような地形を何というか，書きなさい。

〔　　　　　　　　〕

差がつく (2) この地形図から読み取れる内容として最も適当なものを，次のア〜エから1つ選び，記号で答えなさい。

〔　　　　〕

ア　Xの道路に沿って工場が見られる。

イ　緩やかな斜面が果樹園に利用されている。

ウ　金川は北西から南東に向かって流れている。

エ　地形図上のPQ間の長さは直線で4cmなので実際の距離は2kmである。

九州地方〜近畿地方

入試メモ　九州は自然，近畿は文化，中国・四国地方は交通に関する問題が多く出題される。

出題率 48.3%　ランク 3

正答率

3 次の問いに答えなさい。

(1) 地図Ⅰ中の▲で示した場所では，火山の爆発や噴火の陥没などによってできた大きなくぼ地が見られる。この地形は何と呼ばれるか，次のア〜エから1つ選び，記号で答えなさい。[高知県] 〔　　　　〕

地図Ⅰ　　　地図Ⅱ

ア　カルデラ　　イ　三角州

ウ　フィヨルド　　エ　フォッサマグナ

■ 72%

思考力 (2) 資料は，地図Ⅱ中の▨で示した4府県における2023年の重要文化財指定件数，2021年の乗用車の100世帯あたりの保有台数，2019年の印刷・同関連製品出荷額を表している。大阪府と奈良県にあたるものを，資料中のア〜エから1つずつ選び，記号で答えなさい。[徳島県]

資料

府県	重要文化財指定件数（件）	乗用車の100世帯あたりの保有台数（台）	印刷・同関連製品出荷額（億円）
ア	2,201	81.6	2,120
イ	682	63.3	4,706
ウ	1,331	108.6	600
エ	396	123.8	139

(2023年版「データでみる県勢」他)

大阪府〔　　　　〕　奈良県〔　　　　〕

(3) 本州と四国とを結ぶ本州四国連絡橋の児島・坂出ルートのうち，瀬戸大橋は瀬戸内海にかかる6つの橋の総称であり，6つの橋のうちの1つがC県と香川県の県境になっている。C県の県名を書きなさい。[大阪府] 〔　　　　〕

■ 29%

5 古代～中世の日本

武家政治の展開

 入試メモ　武家政権を中心に，政治や文化からよく出題される。年表や資料を使った問題も多い。

 出題率 95.8% ランク 1

正答率

1 次の問いに答えなさい。

(1) 次の①，②があてはまる時期を，年表中の**ア～オ**から１つずつ選び，記号で答えなさい。

① 武士の社会の慣習をまとめた御成敗式目が定められた。［香川県・改］　〔　　　〕

② 後醍醐天皇が建武の新政を行った。
［鳥取県・改］　〔　　　〕

年	できごと	
1167	平清盛が太政大臣となる	┐ア
1185	源頼朝が守護・地頭を設置	┤イ
1221	承久の乱が起こる	┤ウ
1274	文永の役が起こる	┤
1281	弘安の役が起こる	┤エ
1392	足利義満が南北朝を統一	┤オ
1467	応仁の乱が起こる	┘

(2) 承久の乱後，幕府が朝廷を監視し，西日本の御家人を統制するため，京都に設置した機関を，書きなさい。［和歌山県］
〔　　　　　　　〕

(3) 下の文について，あとの問いに答えなさい。［山口県］

○ 13世紀後半，**a** 元のフビライは二度にわたり日本を攻撃した。
○ 15世紀に入り，足利義満が朝貢形式による **b** 日明貿易を始めた。

資料 I

超重要　① 下線部 **a** のときの鎌倉幕府の実権は北条時宗が握っていた。この人物が就いていた，将軍を補佐する鎌倉幕府の役職を書きなさい。
〔　　　　　　　〕

思考力　② 下線部 **b** の貿易では，**資料 I** のような合い札（割り札）が用いられていた。このような札が用いられた理由を，簡潔に書きなさい。
〔　　　　　　　　　　　　　〕

(4) 鎌倉幕府における，将軍と御家人との主従関係を表した**資料 II** 中の**X**にあてはまる語句を，書きなさい。［滋賀県］
〔　　　　　〕

■□60%

資料 II
将軍と御家人との主従関係

```
        将　軍
  ┌──────┐ ↑
  │  X   │ 奉公
  └──────┘ │
        御家人
```

(5) 鎌倉時代につくられたものとして最も適当なものを，次の**ア～エ**から１つ選び，記号で答えなさい。［千葉県・改］
〔　　　〕

ア 東大寺南大門の金剛力士像
イ 平等院鳳凰堂の阿弥陀如来像
ウ 正倉院の鳥毛立女屏風
エ 広隆寺の弥勒菩薩像

(6) 能の合間に演じられ，民衆の生活や感情をあらわした劇を，書きなさい。
［徳島県・改］　〔　　　　　〕

古代国家のあゆみと東アジアの動き

入試メモ 国家の形成や仏教，日本とアジアのつながりに関することがよく問われる。

出題率 **95.8**%　ランク **1**

正答率

2 次の問いに答えなさい。

(1) 法隆寺を建て，仏教を広めようとした人物を，次の**ア〜エ**から１つ選び，記号で答えなさい。[岩手県] 〔　　　　〕

ア 聖徳太子　　イ 中臣鎌足　　ウ 足利尊氏　　エ 藤原道長

差がつく (2) 白村江の戦いについて述べた**資料**中の □ に適する言葉を書きなさい。ただし，地図中の**X**の国名を明らかにして書くこと。
[鹿児島県] 〔　　　　　　　　　〕

■ 34%

資料
663年，日本は □ ために朝鮮半島に大軍を送ったが，唐と新羅の連合軍に敗れた。

7世紀半ばの東アジア

(3) 奈良時代のできごととして正しいものはどれか，次の**ア〜エ**から１つ選び，記号で答えなさい。[徳島県・改] 〔　　　〕

ア 阿弥陀仏にすがる浄土信仰の流行により，宇治に平等院鳳凰堂が建てられた。

イ 禅宗が保護され，宋から多くの僧が日本にわたってくるようになった。

ウ 仏教や儒教の考えを取り入れた十七条の憲法により，役人の心構えが示された。

エ 仏教の力で国家を守ろうとして，各地に国分寺や国分尼寺が建てられた。

超重要 (4) 紫式部が活躍していた頃の政治の様子を説明した，次の文中の □X□ と □Y□ に適する語句をそれぞれ書きなさい。[福井県] X〔　　　　〕 Y〔　　　　〕

藤原氏は，天皇が幼いときには，□X□ に，成長すると □Y□ という天皇を補佐する職について，政治の実権を握った。

(5) 次の**ア〜ウ**を年代の古い順に並べなさい。[熊本県]〔　　→　　→　　〕

ア 天智天皇のあとつぎ争いである壬申の乱が起こった。

イ 律令国家のしくみを定めた大宝律令がつくられた。

ウ 中臣鎌足らによって大化の改新が行われた。

文明のおこりと日本の成り立ち

入試メモ 文明とその発生地域はセットで覚える。原始時代に使用された道具も問われやすい。

出題率 **52.1**%　ランク **3**

正答率

3 次の問いに答えなさい。

(1) **資料**は，くさび形文字である。これが用いられた，紀元前3500年頃にチグリス・ユーフラテス川流域に誕生した文明を，次の から１つ選び，書きなさい。[山口県・改] 〔　　　　　〕

資料

エジプト文明　メソポタミア文明　インダス文明　中国文明

(2) 原始時代の日本の特色をまとめた右の文の下線部について，次の**ア〜エ**を年代の古い順に並べなさい。[長野県]〔　→　→　→　〕

人々は，環境の変化などに対応して，道具を改良しながら生活を営んだ。

■ 26%

ア 磨製の石包丁の使用が始まる。　　イ 打製石器の使用が始まる。

ウ 縄目の文様をもつ土器の製作が始まる。　　エ 須恵器の製作が始まる。

(3) 右のできごとについて，このときの邪馬台国の女王の名前を書きなさい。[福島県・改] 〔　　　　〕

239年，邪馬台国の女王が中国に使いを送った。

6 近世の日本

解答・解説 別冊p.40

近世社会の発展

入試メモ 江戸幕府が行った政策や文化から頻出。政策が実施された背景や中心人物もおさえる。

出題率 95.8%　ランク 1

正答率

1 次の問いに答えなさい。

(1) 次のア〜エは江戸時代のできごとである。ア〜エを年代の古い順に並べなさい。

[京都府]　　　　　　　　　　　　　　　[　　 → 　　 → 　　 → 　　]

ア 大塩平八郎が乱を起こした。　　イ 田沼意次が老中になった。

ウ 寛政の改革が行われた。　　　　エ 日本と朝鮮との間の国交が回復した。

(2) 右の資料は，江戸幕府の対外政策についてまとめたものである。資料中の□□□に共通してあてはまる国名を，次のア〜エから1つ選び，記号で答えなさい。[三重県]

> 幕府は□□□人を長崎の出島に移して貿易を許した。また，□□□と中国に，海外の事情を記した風説書の提出を命じた。

ア ポルトガル　　イ スペイン　　ウ オランダ　　エ イギリス

■70%

超重要 (3) 江戸時代に制定された武家諸法度に関連して，大名は1年おきに江戸と領地を行き来し，大名の妻子は江戸に住むように定めた制度を何というか，漢字4字で書きなさい。[兵庫県]　　[　　　　　]

■81%

差がつく (4) 江戸幕府が行った政策について，下の表のA〜Cは田沼意次，松平定信，水野忠邦のいずれかの政策をまとめたものである。表中の□□□に共通する語句を，漢字3字で書きなさい。また，田沼意次の政策の財政上の特徴を，表の内容を踏まえて説明しなさい。[福井県・改]　　語句[　　　　　]

特徴[　　　　　　　　　　　　　　　]

A	B	C
・物価の上昇を抑えるため，営業を独占している□□□に解散を命じた。 ・江戸に出稼ぎに来ている農民を故郷に帰らせた。	・長崎での貿易を奨励し，銅や海産物を輸出した。 ・□□□の結成を奨励し，特権を与える代わりに営業税を納めさせた。	・旗本や御家人が商人からしていた借金を帳消しにした。 ・江戸に出てきていた農民を村に帰し，ききんに備え米を蓄えさせた。

思考力 (5) アヘン戦争の後に，幕府が対外政策を転換した内容について述べた次の文中の□X□，□Y□に入る言葉を補い，これを完成させなさい。ただし，□X□は資料を参考にして法令の名称を書き，□Y□は「燃料や水」という言葉を使って書くこと。[鹿児島県]

X[　　　　　　　　]

Y[　　　　　　　　]

> 清がイギリスに敗れたことを知った幕府は，□X□を改め，寄港した□Y□て帰らせることにした。

資料
> 外国船が，どこの海辺の村に着岸したとしても，近くの人々で，有無を言わずに打ち払いなさい。
>
> （徳川禁令考をもとに作成）

■56%

(6) 諸藩の年貢米や特産物が運びこまれた，大阪の米市場周辺の施設を何というか，書きなさい。[鳥取県] 〔　　　　　　　　〕 ■□54%

(7) 右の絵は，江戸時代に上方を中心に文化が栄えたころに描かれた絵の一部である。この絵の作者が確立したとされ，のちに多色刷りの版画などとして民衆の間で人気が高まった，町人の風俗などを描いた絵画を何というか，書きなさい。[岡山県・改] 〔　　　　　　　　〕

世界の動きと天下統一

入試メモ 豊臣秀吉と織田信長の政策や文化，ヨーロッパ人来日の背景に関する出題が多い。

出題率 57.3% ランク 2

正答率

2 次の問いに答えなさい。

(1) 年表を見て，次の問いに答えなさい。

時代	おもなできごと
室町	a ポルトガル人が鉄砲を伝える b ザビエルが鹿児島に上陸する
安土桃山	c 天正遣欧少年使節が出発する

① 下線部 a について，ポルトガルは，東回りでアジアに行く航路を開拓してアジアの海域に進出した。ポルトガルを出航し，アフリカ南端を回って，初めてインドに到達した人物はだれか，次のア～エから1つ選び，記号で答えなさい。[静岡県・改] 〔　　　　　〕

ア バスコ・ダ・ガマ　　　　イ コロンブス
ウ フランシスコ・ザビエル　　エ マゼラン

② 下線部 b，c は，いずれもヨーロッパとの関わりについて示している。このころと同時期にあたる16世紀のヨーロッパで起こったできごととして適当なものを，次のア～エから1つ選び，記号で答えなさい。[青森県・改] 〔　　　　　〕 ■56%

ア ナポレオンが皇帝になる。　　イ ルターが宗教改革を始める。
ウ 十字軍の遠征が始まる。　　　エ イギリスで産業革命が始まる。

差がつく (2) ヨーロッパ人の来航をきっかけに南蛮貿易が盛んになった時期の日本のおもな輸出品を，次のア～エから1つ選び，記号で答えなさい。[沖縄県] 〔　　　　　〕
ア 生糸　イ 陶磁器　ウ 銀　エ 香辛料

超重要 (3) 武力による天下統一を目指した織田信長は，安土城の城下町で座を廃止し，税を免除した。この政策の名称を書きなさい。[佐賀県] 〔　　　　　　　　〕

(4) 豊臣秀吉が政治を行った頃に栄えた桃山文化期に起こったできごととして適当なものを，次のア～エから1つ選び，記号で答えなさい。[愛媛県・改] 〔　　　　　〕

ア 千利休がわび茶の作法を完成させた。
イ 小林一茶が農民の生活を題材に俳句をよんだ。
ウ 雪舟がわが国の水墨画を確立した。
エ 近松門左衛門が人形浄瑠璃の脚本を書いた。

資料
> 一 百姓が刀やわきざし，弓，やり，鉄砲，その他の武具を所持することを固く禁止する。（中略）よって，大名や家臣はこれらの武具を集めて差し出すこと。

（小早川家文書）

超重要 (5) 資料は，豊臣秀吉が定めた法令の一部を要約したものである。太閤検地と資料に見られる政策により身分の分離は進められた。この資料に見られる政策を何というか，書きなさい。[奈良県] 〔　　　　　　　　〕 ■85%

(6) 豊臣秀吉が検地や(5)を行うことによって，武士や百姓の身分の区別を明確にしたことを何というか，書きなさい。[宮城県] 〔　　　　　　　　〕 ■59%

7 開国と近代日本

解答・解説│別冊 p.41

日清・日露戦争と産業，文化の発展

 戦前・戦後の変化や講和条約改正の内容が問われやすい。

出題率 68.8%　ランク 1

正答率

1 次の問いに答えなさい。

(1) 日清戦争の講和条約は，条約が結ばれた場所にちなんで何と呼ばれるか，書きなさい。[石川県]

〔　　　　　　　　　　〕

超重要 ▶ (2) 日清戦争前後のできごとについて述べた右の文中の ☐ X ，☐ Y にあてはまる言葉の組み合わせとして最も適当なものを，次の**ア〜エ**から1つ選び，記号で答えなさい。[鹿児島県・改]

> 明治政府は，日清戦争直前の1894年，陸奥宗光外相のときにイギリスとの交渉で ☐ X に成功した。また，日清戦争後の1895年に講和条約を結んだが， ☐ Y により遼東半島を返還した。

〔　　　　　　　　　　〕 ■64%

ア X－関税自主権の回復　Y－日比谷焼き打ち事件

イ X－関税自主権の回復　Y－三国干渉

ウ X－領事裁判権（治外法権）の撤廃　Y－日比谷焼き打ち事件

エ X－領事裁判権（治外法権）の撤廃　Y－三国干渉

(3) 日露戦争に関して，右の写真の人物は，この戦争に出兵した弟を思って「君死にたまふことなかれ」という詩をよんだことで知られている。この人物は誰か。[鹿児島県]

〔　　　　　　　　　　〕 ■64%

思考力 ▶ (4) 次の**X〜Z**は，日露戦争の前後に日本がとった対外的な行動である。**X〜Z**にあてはまることがらを，あとの**ア〜ウ**から1つずつ選び，記号で答えなさい。[富山県・改]　X〔　　　〕Y〔　　　〕Z〔　　　〕

> ☐ X ──→ ☐ Y ──→ 日露戦争 ──→ ☐ Z

ア 日英同盟を結ぶ　**イ** 韓国を併合する　**ウ** 義和団の蜂起を鎮圧する

近代ヨーロッパとアジア

 ペリー来航から倒幕までの国内の動きや開国による国内の混乱に関する問題が多い。

出題率 67.7%　ランク 2

正答率

2 次の問いに答えなさい。

超重要 ▶ (1) Hさんは，アヘン戦争が日本に与えた影響について調べ，右のようにまとめた。☐ にあてはまる法令の名称を答えなさい。[山口県]

> アヘン戦争で中国が敗れたことを知った江戸幕府は，日本に接近してくる外国船に対する方針を定めた ☐ を継続すると，外国との紛争を招くおそれがあると判断し，この方針を転換した。

〔　　　　　　　　　　〕

(2) ペリーの来航によって，開国（通商）を迫られたことに関して，日本が1858年にアメリカとの間で結んだ条約名と，開港した港の組み合わせとして適当なものを，次の**ア**〜**エ**から1つ選び，記号で答えなさい。[兵庫県] 〔　　　　〕

ア 日米和親条約－神奈川（横浜）　　**イ** 日米修好通商条約－下田

ウ 日米和親条約－新潟　　　　　　　**エ** 日米修好通商条約－兵庫（神戸）

差がつく (3) 資料中の①〜③にあてはまるできごとを，次の**ア**〜**ウ**から1つずつ選び，記号で答えなさい。[沖縄県・改]　① 〔　　　〕 ② 〔　　　〕 ③ 〔　　　〕

ア フランス革命

イ 名誉革命

ウ アメリカ独立戦争（革命）

資料

1642〜49年	→	1688〜89年	→	1775〜76年	→	1789年
ピューリタン革命 国王の処刑		権利の章典 ①		独立宣言 ②		人権宣言 ③

明治維新と立憲政治

入試メモ 明治政府の政策や帝国議会が開かれる流れは重要。文明開化の内容も問われやすい。

出題率 58.3% ランク 3

正答率

3 次の問いに答えなさい。

(1) 右の文のできごと以降のものを，次の**ア**〜**カ**から全て選び出し，古いものから順に並べたときに3番目にあたるものを1つ選び，記号で答えなさい。[神奈川県] 〔　　　　〕

> 岩倉具視を大使とする欧米への使節団が日本を出発した。

ア 西南戦争の勃発　**イ** 内閣制度の発足　**ウ** 戊辰戦争の勃発

エ 版籍奉還の実施　**オ** 国会期成同盟の結成　**カ** 大日本帝国憲法の発布

■ 29%

思考力 (2) 1873年に行われた地租改正について，右の**資料**は1868年の米価を1.0としたときの米価の推移を表したものである。明治政府が，従来の年貢を引き継いだ方法をやめ，地租改正を実施した理由を，**資料**の推移全体から読み取れることをもとにして，簡潔に書きなさい。[山梨県]

資料　明治初期の米価の推移

（「数字でみる日本の100年改定第5版」）

〔　　　　　　　　　　　　　　　　　　　　　〕

■ 20%

超重要 (3) 右の文中の [　　] にあてはまる人物の名前を書きなさい。[佐賀県] 〔　　　　〕

> 明治政府は立憲政治の開始に備えて1885年に内閣制度をつくり，[　　]が初代内閣総理大臣に就任した。

(4) 右の文は，大日本帝国憲法に定められた統治のしくみについてまとめたものの一部である。[X]，[Y]にあてはまる言葉の組み合わせを，次の**ア**〜**エ**から1つ選び，記号で答えなさい。[三重県] 〔　　　　〕

> 大日本帝国憲法では，帝国議会は，[X]と衆議院の二院制がとられ，[Y]は，天皇の政治を補佐する機関として位置づけられた。

ア X－参議院　Y－太政官　　**イ** X－参議院　Y－内閣

ウ X－貴族院　Y－太政官　　**エ** X－貴族院　Y－内閣

8 現代の日本

解答・解説 | 別冊 p.42

現代の日本と世界

 入試メモ GHQによる民主化政策実施後の変化は頻出。日本の国際社会復帰の流れもよく扱われる。

出題率 88.5% ランク 1

正答率

1 次の問いに答えなさい。

思考力

(1) 第二次世界大戦後の民主化政策の1つとして農地改革が行われたことに関して，咲子さんは，資料Ⅰを見て，農地改革が行われた結果，農村において，経済面での平等化が進んだと考えた。咲子さんがそのように考えた理由を，資料Ⅰをもとに簡潔に書きなさい。[広島県]

■□ 19%

資料Ⅰ 農地改革前後の自作・小作別農家数の割合

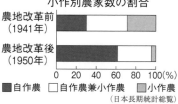

農地改革前（1941年）
農地改革後（1950年）

0 20 40 60 80 100(%)
■自作農 □自作農兼小作農 ▨小作農
（日本長期統計総覧）

[ ]

差がつく **(2)** 資料Ⅱは，衆議院議員総選挙について，総人口に占める有権者の割合の推移を表したグラフである。A，Bの変化について述べた次の文中の　X　，　Y　にあてはまる語句の組み合わせとして最も適当なものを，あとのア～エから1つ選び，記号で答えなさい。[鹿児島県]

■■ 73%

[ ]

　Aの変化は　X　による制限の廃止，Bの変化は　Y　による制限の廃止から生じたものである。

資料Ⅱ

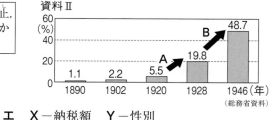

48.7
B
19.8
A
5.5
1.1　2.2
1890　1902　1920　1928　1946(年)
（総務省資料）

ア　X－職業　　Y－納税額
イ　X－性別　　Y－納税額
ウ　X－納税額　Y－職業　　エ　X－納税額　Y－性別

(3) 右の年表を見て，次の問いに答えなさい。

① 下線部について，日本側の代表として条約に調印した当時の首相を，次のア～エから1つ選び，記号で答えなさい。[長崎県]　[ ]

■■ 63%

年	おもなできごと
1945	日本がポツダム宣言を受諾した
1951	サンフランシスコ平和条約が結ばれた
1975	第1回先進国首脳会議が開かれた

（右に X の範囲を示す）

ア　吉田茂　イ　田中角栄　ウ　犬養毅　エ　原敬

超重要 ② 下の文は，年表中のXの時期の日本の外交について述べたものである。文中の　A　～　C　にあてはまる語句を，[ ]から1つずつ選び書きなさい。

[愛知県・改] A[　] B[　] C[　]

　日本は，　A　など48か国と平和条約を結び，独立を回復した。その後，冷戦のもとで，対立していた　B　との国交を回復することにより，国際連合への加盟を果たした。しかし，　C　との関係改善には時間がかかり，1972年に国交を正常化した。

アメリカ
中国
ソ連

(4) 東海道新幹線の開通と最も近い時期に日本で起こったできごとを，次のア～エから1つ選び，記号で答えなさい。[群馬県]　[ ]

ア　テレビ放送が始まった。　　　イ　ラジオ放送が始まった。

ウ　東京でオリンピックが行われた。　エ　大阪で日本万国博覧会が行われた。

(5) 第二次世界大戦後の世界について，東西冷戦に関連することがらとして適当でないものを，次の**ア〜エ**から１つ選び，記号で答えなさい。[大分県]　〔　　　　〕

ア　キューバ危機　　イ　ベトナム戦争　　ウ　朝鮮戦争　　エ　イラク戦争

二度の世界大戦と日本

入試メモ　日本の大陸進出の動きと，列強の同盟関係がよく問われる。

正答率

2 右の年表を見て，次の問いに答えなさい。

時代	年	おもなできごと
大正	1914	a 第一次世界大戦
	1918	b 本格的な政党内閣の成立
昭和	1927	金融恐慌
	1929	c 世界恐慌
	1931	満州事変
	1939	第二次世界大戦　X
	1941	太平洋戦争
	1945	ポツダム宣言受諾

(1) 次の**ア〜エ**は，年表中の**X**の期間のできごとである。起こった順に左から並び替えなさい。[徳島県]　〔　　→　　→　　→　　〕

ア　日独伊三国同盟が結ばれる。

イ　日中戦争が始まる。

ウ　五・一五事件が起こる。

エ　日本が国際連盟を脱退する。

(2) 右の文中の　**Y**　にあてはまる語句を，カタカナで書きなさい。[千葉県・改]

〔　　　　　　　〕

> ドイツが降伏して第一次世界大戦が終わると，その翌年に連合国はパリで講和会議を開きドイツと　**Y**　条約を結んだ。この条約では，戦勝国の利益が優先された。

■□73%

(3) 年表中の下線部 **a** のころの日本の様子を風刺したものとして最も適当なものを，次の**ア〜ウ**から１つ選び，記号で答えなさい。[沖縄県]　〔　　　　〕

ア　　　　　　　イ　　　　　　　ウ

資料Ⅰ
原敬内閣成立時の衆議院議員の所属政党別割合

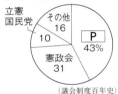

立憲国民党 10　その他 16　**P** 43%　憲政会 31

（議会制度百年史）

(4) 普通選挙によって国民の意向を政治に反映させることなどを主張した吉野作造の考え方を，次の**ア〜エ**から１つ選び，記号で答えなさい。[岐阜県]　〔　　　　〕

ア　三民主義　　イ　資本主義

ウ　民本主義　　エ　社会主義

■□82%

資料Ⅱ　原敬内閣成立時の大臣の所属政党など

大臣名	所属政党など
内閣総理大臣	**P**
外務大臣	官僚
内務大臣	**P**
大蔵大臣	**P**
陸軍大臣	陸軍
海軍大臣	海軍
司法大臣	**P**
文部大臣	**P**
農商務大臣	**P**
逓信大臣	**P**

難→ (5) 年表中の下線部 **b** の内閣の特色を，**資料Ⅰ**，**Ⅱ**から読み取れることをもとに，**資料Ⅰ**，**Ⅱ**中の　**P**　にあてはまる政党名を用いて書きなさい。[埼玉県]

〔

〕

□ 6%

超重要→ (6) 年表中の下線部 **c** のときに，アメリカのローズベルト大統領は，国民の雇用を確保するために，積極的に公共事業をおこした。この政策を何というか，書きなさい。[栃木県]　〔　　　　〕

■□82%

9 私たちの生活と日本国憲法

解答・解説 | 別冊p.43

人権の尊重と日本国憲法

 憲法改正の手続き，天皇の国事行為，自由権，社会権からの出題が特に多い。

出題率 85.4% ランク 1

正答率

1 次の問いに答えなさい。
[思考力]

(1) 資料は，人の支配と法の支配を模式的に示したものである。人の支配と法の支配では，法の役割に違いが見られる。資料を参考にして，法の支配において保障されることを書きなさい。[大分県・改]

〔   〕

資料　人の支配と法の支配

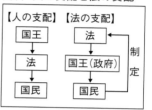

(2) 右の日本国憲法の条文の一部について答えなさい。

[超重要] ① 下線部**a**の行為にあてはまるものを，次の**ア**〜**エ**から1つ選び，記号で答えなさい。[茨城県]

〔   〕

ア 最高裁判所長官の指名　**イ** 条約の承認
ウ 内閣総理大臣の指名　**エ** 衆議院の解散

② [   ]にあてはまる語句を書きなさい。[福島県]

〔   〕

③ 下線部**b**について，自由権にあたるものを，次の**ア**〜**エ**から2つ選び，記号で答えなさい。

[長崎県・改]

〔   〕〔   〕

ア 自分の財産が保障される権利　**イ** いかなる奴隷的拘束も受けない権利
ウ 各人の能力に応じて等しく教育を受ける権利　**エ** 公正に裁判を受ける権利

第3条　**a**天皇の国事に関するすべての行為には，内閣の助言と承認を必要とし，内閣が，その責任を負ふ。
第13条　すべて国民は，個人として尊重される。生命，**b**自由及び幸福追求に対する国民の権利については，[   ]に反しない限り，立法その他の国政の上で，最大の尊重を必要とする。

■44%

(3) 日本国憲法の改正について述べた次の文中の[**X**]，[**Y**]に入る語句の組み合わせとして適当なものを，あとの**ア**〜**エ**から1つ選んで，記号で答えなさい。

[兵庫県]

〔   〕

各議院の総議員の[**X**]の賛成により，国会が発議し，国民による投票が行われ，有効投票の[**Y**]の賛成があれば，憲法が改正される。

ア X—過半数　Y—3分の2以上　　**イ** X—3分の2以上　Y—過半数
ウ X—過半数　Y—過半数　　　　**エ** X—3分の2以上　Y—3分の2以上

■68%

[超重要] (4) 社会権の1つとして，日本国憲法が第25条で保障している，健康で文化的な最低限度の生活を営む権利を何というか，書きなさい。[宮城県]〔   〕

■74%

(5) 右の文中の[**X**]にあてはまる，個人の私的な生活や情報を他人の干渉から守る権利を何というか，書きなさい。[山形県]

産業の発達や情報化の進展などにともない，次のような「新しい人権」が主張されるようになった。
○[**X**]　○知る権利　○環境権

■86%

〔   〕

出題率 55.2%　ランク 2

正答率

2 次の問いに答えなさい。
超重要

■■■90%

(1) 次の文中の □□□□ にあてはまる語を書きなさい。[秋田県] 〔　　　　〕

　　人や物，お金や情報などが国境を越えて地球規模で移動する □□□□ の進展により，貿易が活発になり，日本企業の海外進出が進んだ。

(2) 家電インターネット等の情報通信技術を利用できる人と利用できない人との間に生じる格差を表すものとして，正しいものを，次の**ア～エ**から選び，記号で答えなさい。[長崎県] 〔　　　　〕

　　ア デジタル・デバイド　　**イ** マスメディア
　　ウ バリアフリー　　　　　**エ** インフォームド・コンセント

差がつく (3) 資料Ⅰは，日本の出生率（人口1,000人当たりの
　　1年間の出生児数の割合），死亡率（人口1,000人
　　当たりの1年間の死亡者数の割合）の推移を示し
　　たものである。下の文は，この資料から読み取っ
　　たことである。文中の □A□ ～ □C□ にあてはま
　　るものとして最も適当なものを，あとの**ア～カ**か
　　ら1つずつ選んで，記号で答えなさい。ただし，
　　出生児数，死亡者数以外の理由による人口の変化は小さいので，考えないものと
　　する。[福井県]　　A〔　　　〕B〔　　　〕C〔　　　〕

資料Ⅰ
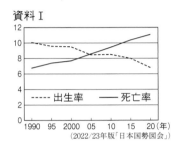
（2022/23年版「日本国勢図会」）

　　┌─────────────────────────────┐
　　│ □A□ 年から2015年まで日本の □B□ が □C□ している。│
　　└─────────────────────────────┘

　ア 1990　　**イ** 2005　　**ウ** 合計特殊出生率

　エ 総人口　　**オ** 増加　　**カ** 減少

(4) 次の文中の □□□□ にあてはまる語句を書きなさい。[福井県] 〔　　　　〕

　┌──────────────────────────┐
　│ 日本では，和食（日本人の伝統的な食文化）や和紙な│
　│ どがユネスコによって □□□□ 文化遺産に登録された。│
　└──────────────────────────┘

(5) 多数決に関して，資料Ⅱ中の □□□□ にあてはまる
　　内容を書きなさい。[群馬県]

　〔　　　　　　　　　　　　　　〕

資料Ⅱ

	長所	短所
	・意見が反映される人の数が多い。 ・一定時間内で決まる。	・□□□□。

(6) 次の文中と下の図の □A□，□B□ にあてはまる語の組み合わせとして適当な
　　ものを，あとの**ア～エ**から1つ選び，記号で答えなさい。[茨城県・改] 〔　　　　〕

　┌───┐
　│ 　社会では，人々の対立を合意によって解消し，よりよい社会のルールをつくるために図の│
　│ ような考え方をふまえる必要がある。□A□ は，時間や費用などの面で無駄を省く考え方で，│
　│ □B□ は，手続き，機会や結果で不当なものになっていないかなど，たがいに各個人の意見│
　│ を尊重し，一人ひとりに最大限配慮したものになっているかどうかを問う考え方である。　│
　└───┘

　ア A－権利　B－責任
　イ A－責任　B－権利
　ウ A－公正　B－効率
　エ A－効率　B－公正

図
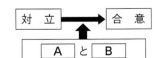

10 現代の民主政治とこれからの社会

解答・解説 | 別冊 p.43

国の政治と地方自治

 入試メモ 国会，内閣，裁判所の仕事や結びつき，地方自治における住民の権利に関する出題が多い。

出題率 89.6%　ランク 1

正答率

1 次の問いに答えなさい。

(1) 超重要　資料Ⅰは，日本における三権分立を模式的に示したものである。資料Ⅰ中の矢印は，それぞれの機関が他の機関に対して抑制を及ぼし均衡を保つための行為を表している。資料Ⅰ中の矢印**A・B**にあてはまるものを，次の**ア～カ**から1つずつ選び，記号で答えなさい。[京都府]　A〔　　〕　B〔　　〕

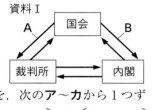

資料Ⅰ

ア 衆議院の解散　**イ** 最高裁判所の長官の指名　**ウ** 法律の違憲審査

エ 内閣不信任の決議　**オ** 弾劾裁判所の設置　**カ** 命令や処分の違憲審査

(2) 差がつく　国の予算案の議決で，参議院が衆議院と異なった議決をし，両院協議会でも意見が一致しなかった場合，日本国憲法では，どのように扱うと規定されているか。「国会」という語句を使って，簡潔に書きなさい。[岐阜県]

〔　　　　　　　　　　　　　　　　　　　　　　　　　　　〕 ▬31%

(3) 内閣について，次の日本国憲法の条文中の　**X**　，　**Y**　にあてはまる語をそれぞれ書きなさい。[長崎県]　X〔　　　　〕　Y〔　　　　〕

　　第69条　内閣は，衆議院で不信任の決議案を可決し，又は信任の決議案を否決したときは，10日以内に衆議院が　**X**　されない限り，　**Y**　をしなければならない。

(4) 現在の日本は，議院内閣制を採用している。議院内閣制とはどのような制度か。簡潔に書きなさい。[山口県]

〔　　　　　　　　　　　　　　　　　　　　　　　　　　　〕

(5) 裁判について，次の問いに答えなさい。[徳島県]

　① 資料Ⅱは，刑事裁判における三審制のしくみを示したものである。資料Ⅱ中の□□□に共通してあてはまる語句を書きなさい。〔　　　　〕

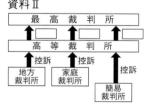

資料Ⅱ

　② 超重要　無罪となる証拠が新たに発見されるなど，確定した裁判の判決に，重大な誤りがあると疑われる場合，裁判のやり直しが認められる制度を何というか，書きなさい。〔　　　　　　〕

(6) 超重要　次の文中の　**A**　にあてはまる語句を書きなさい。また，**B**の｛　｝から適当なものを1つ選び，記号で答えなさい。[熊本県]　A〔　　　　〕　B〔　　〕

> 住民は地方議会の解散や条例の制定・改廃を求める　**A**　権が保障されている。条例の制定・改廃は，有権者の50分の1以上の署名を集め，**B**｛**ア** 首長　**イ** 監査委員　**ウ** 選挙管理委員会｝に求めることができる。

(7) 資料Ⅲから読み取れる**X市**の歳入の特色を，地方交付税の配分目的と関連付けて書きなさい。[秋田県]

[   ]

資料Ⅲ　歳入に占める地方税と
地方交付税の割合

X市
（歳入計
290億円）

Y市
（歳入計
1,402億円）

Z市
（歳入計
15,269億円）

0　　20　　40　　60　　80　　100(%)
（総務省「地方財政状況調査」）

選挙と政党

入試メモ　日本における選挙の4つの原則，選挙区制，一票の価値に関する出題が多い。

出題率　56.3%　ランク　2

正答率

2 次の問いに答えなさい。

(1) 日本の選挙は4つの原則のもとで行われている。4つの原則のうち，どの政党や候補者に投票したのかを他人に知られないようにする選挙を何というか，書きなさい。[山形県]
〔   〕　90%

(2) 右の文中の下線部によって，選挙権は満何歳以上に与えられることになったか，書きなさい。[奈良県]〔   〕　95%

> 2015年には公職選挙法の改正が行われ，若い世代がより政治に関心をもち，社会に関わっていくことが期待されている。

(3) 法律は，選挙によって選ばれた国会議員で構成される国会で制定される。この選挙に関連して，資料中の**A**，**B**の選挙制度の特徴として適切なものを，次の**ア～エ**から2つずつ選び，記号で答えなさい。[長野県]
　67%

A〔   〕〔   〕
B〔   〕〔   〕

ア 有権者は，候補者のみに投票し，代表者を選ぶことができる。

イ 議会が多くの政党によって構成され，さまざまな意見が反映されやすい。

ウ 投票者の意志が当選者数として反映されやすい傾向がある。

エ 当選した候補者が獲得した票以外は，選挙の結果に反映されにくい傾向がある。

資料

A（定数1）

候補者	Xさん	Yさん	Zさん
得票数	9,000票	6,600票	4,200票
結果	当選	落選	落選

B（定数6）

候補者	A党	B党	C党
得票数	9,000票	6,600票	4,200票
÷1	①9,000	②6,600	④4,200
÷2	③4,500	⑤3,300	2,100
÷3	⑥3,000	2,200	1,400
当選人数	3人	2人	1人

(4) 右の図は，2021年に実施された衆議院議員総選挙における2つの小選挙区の有権者数を表したものである。この図から読み取れる，小選挙区制の課題の1つを，「有権者」「一票」の2つの語句を用いて，簡潔に書きなさい。[和歌山県]

[   ]

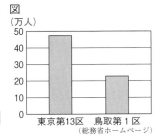

図
（万人）
50
40
30
20
10
0
東京第13区　鳥取第1区
（総務省ホームページ）

(5) 次の文は，政権について述べたものである。文中の□ Y □にあてはまる最も適当な語句を，漢字2字で書きなさい。[愛知県]

〔   〕

> 内閣を組織して政権を担う政党を□ Y □といい，内閣が複数の政党によって組織されることもある。

私たちのくらしと経済

解答・解説 | 別冊 p.44

消費生活と経済

 消費者保護の制度や企業の社会的責任に関する問題が中心。株式会社のしくみも重要。

出題率 **81.3%**　ランク **1**

正答率

1 次の問いに答えなさい。

(1) 次の文中の **P** について，{ }の**ア，イ**から適切なものを1つ選び，記号で答えなさい。また，**X** に入る語句を，漢字3字で書きなさい。[富山県]

P〔　　　〕 X〔　　　　　　　〕

　人間の欲求が無限であるのに対し，資源は有限であるため，資源は P {**ア** 充足 **イ** 不足} した状態にあるといえる。このことを **X** という。**X** の中で，資源をどう使ったら人々の生活が豊かになるのかを，経済では課題としている。

超重要 (2) 訪問販売などによって，消費者が契約をした場合，一定期間であれば，資料に示すような通知書を，契約を行った業者に送付することで，契約を解除することができる制度がある。このような制度を何というか，書きなさい。[山口県]

〔　　　　　　　　　　　　〕

資料

通知書

私は，貴社と次の契約をしましたが，解除します。

契約年月日　○年○月○日
商品名　○○○○
契約金額　○○○○円
支払った金額を引き取ってください。
取った商品を返金し，受け○○○○円を返金し，受け取った商品を引き取ってください。

○○年○月○日
○○県○○市○○町○丁目○番○号
氏名　○○○○
株式会社○○○○営業所

(3) 欠陥商品で消費者が被害を受けたとき，損害賠償の責任を企業に負わせる法律を何というか，書きなさい。[宮崎県]

〔　　　　　　　　　　　　〕　**73%**

(4) 企業について，次の文中の **Q**，**R** に入る語句を漢字で書きなさい。[富山県]

Q〔　　　　　　　〕 R〔　　　　　　　〕

　企業はおもに私企業と公企業に分けられる。私企業の主要な目的は **Q** の追求である。私企業のうち，株式会社では，株主は **Q** の一部を **R** として受け取る権利をもつ。

差がつく (5) 企業の社会的責任（CSR）にあたるものとして最も適当なものはどれか，次の**ア〜エ**から1つ選び，記号で答えなさい。[岩手県]〔　　　　〕

ア 株式を発行して出資者を集めること。
イ 物価の安い海外に生産拠点を移すこと。
ウ 雇用の確保や働きやすい条件を整えること。
エ 生産者どうしで価格や生産量を決めること。

(6) グラフは，日本，アメリカ，スウェーデンのいずれかの国の2021年における，女性の年齢階層別の人口に占める労働力人口の割合（女性の労働力率）を示したものである。日本にあてはまるものを，グラフ中の**ア〜ウ**から1つ選び，記号で答えなさい。[北海道]〔　　　　〕

67%

グラフ

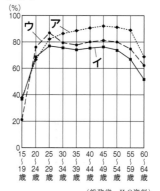

（総務省，ILO資料）

価格のはたらきと金融

入試メモ 独占禁止法や需要・供給と価格の関係はよく扱われる。日本銀行の役割に関する出題も多い。

出題率 56.3% ランク 2

2 次の問いに答えなさい。

正答率

超重要
(1) 企業の自由で健全な競争を維持するために独占禁止法を運用し，不当な価格操作などを監視する機関が設置されている。この機関を何というか，書きなさい。
[福島県] 〔　　　　　　　〕 ■□60%

(2) 一般的に，米の生産量が増えると米価はどうなるか。市場の仕組みから説明した文として最も適当なものを，右の図を参考にして，次の**ア〜エ**から１つ選び，記号で答えなさい。[島根県] 〔　　　　　〕

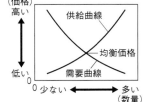

ア 需要量を一定とした場合，供給量が増えるため価格が上がる。
イ 需要量を一定とした場合，供給量が増えるため価格が下がる。
ウ 供給量を一定とした場合，需要量が増えるため価格が上がる。
エ 供給量を一定とした場合，需要量が増えるため価格が下がる。

(3) 次の文は，日本銀行の金融政策のしくみの一部を説明したものである。A，Bの｛　｝から適切なものを１つずつ選び，記号で答えなさい。[福岡県] A〔　　　〕 B〔　　　〕 ■□70%

> 好景気（好況）のときは，A｛**ア** インフレーション **イ** デフレーション｝になるおそれがあるため，日本銀行は一般の銀行に国債などを売ることで，市場の通貨量をB｛**ウ** 増やす **エ** 減らす｝政策をとる。そうすると，一般の銀行と企業などとの間で資金の貸し借りが減るため，景気の行き過ぎが抑えられる。

世界の中の日本経済

入試メモ 産業の空洞化の問題や，貿易摩擦，円高・円安などの理解力を問う問題がよく出題される。

出題率 54.2% ランク 3

3 次の問いに答えなさい。

正答率

(1) 日本を含め太平洋を取り囲む多くの国々が加盟しているアジア太平洋経済協力の略称をアルファベットの大文字４字で書きなさい。[兵庫県] 〔　　　　　〕 ■□69%

(2) 産業の空洞化について説明した次の文中のA，Bの｛　｝から適切なものを１つずつ選び，記号で答えなさい。[栃木県・改] A〔　　　〕 B〔　　　〕

> 経済のグローバル化が進む中で，日本では，生産費のA｛**ア** 高い **イ** 安い｝国へ工場を移転させた企業が多い。その結果，国内で雇用の場がB｛**ウ** 増える **エ** 減る｝などの影響が見られる。

思考力
(3) 貿易について述べた次の文中の A ， B にあてはまる語句の組み合わせとして最も適当なものを，あとの**ア〜エ**から１つ選び，記号で答えなさい。[鳥取県] 〔　　　　　〕 ■□39%

> １ドル＝90円が１ドル＝100円になるときのように，外国通貨に対して円の価値が低くなることを円安という。この状態になると，自動車など輸出品の現地価格が下がるので，日本の輸出産業にとっては A になる。また，食料品などの輸入価格は B 。

ア A－有利 B－上がる **イ** A－有利 B－下がる
ウ A－不利 B－上がる **エ** A－不利 B－下がる

財政・国際社会

解答・解説｜別冊 p.44

国民生活と福祉

 税の種類や特徴，政府の景気対策の方法，社会保障制度の内容がよく問われる。

出題率 78.1%　ランク 1

正答率

1 次の問いに答えなさい。

超重要

(1) 税金について，所得税は累進課税の方法を採っている。これはどのような方法か，次の語句をすべて使って説明しなさい。【所得　　税率】［富山県］

〔　　　　　　　　　　　　　　　　　　　　　　　　　　　　　　　〕

(2) わが国の消費税や酒税のように，一般に，税金を納める人と税金を実際に負担する人が一致しない税を何というか，書きなさい。［北海道］〔　　　　　　　〕 ■□66%

(3) 次の図は，景気変動を示している。また□□□の文は，図中のXの時期に行われる財政政策を説明したものである。文中のA，Bの┆　┆から適切なものを1つずつ選んで，記号で答えなさい。［茨城県・改］　A〔　　　〕　B〔　　　〕

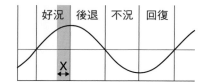

政府は，景気の行き過ぎを防ぐために，A┆ア 増税　イ 減税┆し，公共事業の支出をB┆ウ 減らして　エ 増やして┆，生産や消費活動を減らそうとする。

(4) 下水道の整備は，社会保障制度の4つの基本的な制度のうちの1つである公衆衛生に分類される。公衆衛生に分類されるものを，次のア〜オからすべて選び，記号で答えなさい。［京都府］　　　　　　　　　　　〔　　　　　　　〕

ア 感染症対策　　イ 児童福祉　　ウ 生活保護　　エ 廃棄物処理　　オ 医療保険

差がつく (5) 次の文中の X ， Y にあてはまる語句の組み合わせとして正しいものを，下のア〜エから1つ選び，記号で答えなさい。［佐賀県］〔　　　　　　　〕

少子高齢化の進展に対応して， X 保険制度が導入され， Y 歳以上の人が加入し，必要に応じて居宅や施設でのサービスを受けることができるようになった。

ア　X−介護　Y−40　　　　　イ　X−介護　Y−60

ウ　X−医療　Y−40　　　　　エ　X−医療　Y−60

(6) 次のグラフは，わが国の2022年度の一般会計当初予算における歳出総額及び歳出項目別の割合を示したものである。グラフ中のア〜エは，公共事業関係費，国債費，社会保障関係費，地方交付税交付金のいずれかにあてはまる。あとの文で述べている歳出項目にあてはまるものを，グラフ中のア〜エから1つ選び，記号で答えなさい。［東京都］　　　　　　　　　　　　　　　〔　　　　　　　〕 ■□74%

歳出総額 107兆5,964億円	ア 33.7%	イ 22.6	ウ 14.6	エ 5.6	その他 23.5

(2022/23年版「日本国勢図会」)

国の借金の返済や利子の支払いなどの支出であり，2022年度の一般会計当初予算における歳出額は約24兆円である。

国際社会の課題

入試メモ　人口問題，経済格差，環境問題からの出題が多い。社会貢献活動組織の名称もよく問われる。

出題率 63.5%　ランク 2

正答率

2 次の問いに答えなさい。

超重要 (1) 2015年に温室効果ガス削減等に関する新たな協定が採択された。この協定は，参加する国や地域が世界の平均気温の上昇を，産業革命以前と比べて2℃より低く保つことを目標としている。この協定を何というか。[長崎県] 〔　　　　　　〕　　■□40%

(2) 2015年に国連で合意された，世界が直面している様々な課題を解決するための「17の目標」には，ジェンダー平等などが取り入れられている。この「17の目標」を何というか，書きなさい。[和歌山県] 〔　　　　　　〕

差がつく (3) 特定非営利活動促進法について，この法律の対象となる，営利を目的とせずに公共の利益のために社会貢献活動を行う組織の略称として正しいものを，次の**ア**～**オ**から1つ選び，記号で答えなさい。[新潟県] 〔　　　　　　〕　　■■□58%

ア WHO　イ WTO　ウ NGO　エ ILO　オ NPO

(4) 貧困問題に関して，次の文が述べている，貧困問題を解決するために企業が行っている取り組みを何というか。最も適当なものを，あとの〔　　〕から1つ選び，書きなさい。[福島県] 〔　　　　　　〕　　■■■94%

> 先進国の人々が，発展途上国で生産された農産物や製品を，生産者の労働に見合う適正な価格で継続的に購入することで，生産者の自立した生活を支える取り組みが行われている。

　フェアトレード　　ユニバーサルデザイン　　ボランティア　　メディアリテラシー

国際連合と国際協調

入試メモ　国際連合の機関とその役割がよく問われる。特に安全保障理事会に関する出題は多い。

出題率 53.1%　ランク 3

正答率

3 次の問いに答えなさい。

(1) 国どうしが特定の地域でまとまりをつくり，協調や協力を強めようとする動きを何というか，次の**ア**～**エ**から1つ選び，記号で答えなさい。[青森県] 〔　　　　　　〕　　■□38%

ア ナショナリズム　　イ リージョナリズム　　ウ グローバル　　エ リコール

超重要 (2) 国際連合の安全保障理事会の議決に関して，常任理事国に与えられている特権を何というか，書きなさい。[群馬県] 〔　　　　　　〕

(3) 紛争や迫害により故郷を追われた難民を国際的に保護し，難民問題の解決に向けた活動を行っている，1950年に設立された国際連合の機関を次の**ア**～**エ**から1つ選び，記号で答えなさい。[長崎県] 〔　　　　　　〕

ア NGO　イ PKO　ウ UNHCR　エ WHO

超重要 (4) 右の表は，日本が参加した国際連合の平和維持活動の一部についてまとめたものである。表のような国際連合の平和維持活動は，何という略称で呼ばれているか。アルファベットで書きなさい。[愛媛県] 〔　　　　　　〕

派遣年	派遣先	活動内容
1992～1993	カンボジア	停戦の監視，道路・橋の修理
2002～2004	東ティモール	道路・橋の維持補修，物資輸送
2008～2011	スーダン	難民の帰還の促進
2010～2013	ハイチ	地震後の被災者支援

(内閣府資料他)

英語　数学　理科　**社会**　国語

220

180

課題作文

入試メモ　テーマを与えられて書く。標語を作る、文章の一節から考えるなどが多い。

出題率 11.5%　ランク

差がつく

2

　毎年、文化の日を中心にした二週間を読書週間として、読書が推進されている。次の□内は、ある年の読書週間の標語である。この標語に見られる表現の工夫について、あなたの考えを、あとの①・②の条件に従って書きなさい。

めくる　めぐる　本の世界

条件①　二段落構成で書くこと。第一段落には、この標語に見られる表現の工夫を書き、第二段落では、それを踏まえて、あなたの考えを書くこと。
条件②　原稿用紙の使い方に従って、百字以上百五十字以内で書くこと。

[奈良県]

100

150

条件作文

思考力 1

これからの社会について、次の 資料 のようなことが予想されている。この社会で生きていくために、あなたはどのようなことを大切にしていけばよいと思うか。あとの 条件 に従って書きなさい。

〔富山県〕

資料

これからの社会は、知識・情報・技術をめぐる変化の早さが加速度的となり、情報化やグローバル化といった社会的変化が、人間の予測を超えて進展する。

例えば、進化した人工知能が様々な判断を行ったり、身近な物の働きがインターネットを通して効率的に行えたりするようになる。

また、経済や文化など社会のあらゆる分野でのつながりが国境や地域を越えて活性化し、多様な人々や地域同士のつながりはますます緊密さを増してくる。こうしたグローバル化が進展する社会の中では、一つの出来事が広範囲かつ複雑に伝わり広がっていき、先を見通すことがますます難しくなってきている。

（中央教育審議会答申〔平成28年12月21日〕より作成）

ことわざ

・三人寄れば文殊の知恵
・善は急げ
・失敗は成功のもと

【条件】

1 「　」に選んだ ことわざ を書く。

2 二段落構成とし、各段落の内容は次の3、4のとおりとする。

3 第一段落は、その ことわざ を選んだ理由を、資料を踏まえて書く。

4 第二段落は、選んだ ことわざ に関連して、どんなことに取り組むかを書く。

5 原稿用紙の使い方に従い、百八十字以上、二百二十字以内で書く。

「

」

解答・解説 別冊 p.48

漢文

打った結果、その場はどうなったか。十字以上、十五字以内で書きなさい。

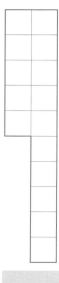

4（差がつく）

 入試メモ　返り点を付ける問題、内容をとらえる問題がほとんど。

出題率 39.6%　ランク 2　正答率 67%

次の書き下し文に合うように、あとの漢文に返り点を付けなさい。 [奈良県]

▽斉、魯を伐ちて讒鼎を索む。

〔 斉、伐魯索讒鼎。 〕

5

次の文章を読んで、あとの問いに答えなさい。 [岩手県]

管仲・隰朋、孤竹を伐ち、春往きて冬反る。迷惑して道を失ふ。管仲いはく、「老馬の智用ふべし。」と。すなはち老馬を放ちてこれに隨ひ、遂に道を得たり。

（韓非子より）

問 ──線部「これに隨ひ」とあるが、どういうことを表しているか。最も適切なものを、次のア〜エから一つ選び、記号で答えなさい。

ア 老馬が管仲の誘導に応じたこと。

イ 管仲が隰朋の主張に応じたこと。

ウ 老馬が隰朋を追って行ったこと。

エ 管仲が老馬についていったこと。

〔 〕

6

次の文章を読んで、あとの問いに答えなさい。 [山口県]（元帝が、後に明帝となる幼い息子と話している場面）

明帝に問ふ、汝意謂ふに長安は日の遠きに何如、と。答へて曰はく、日遠し。人の日辺より来たるを聞かず。居然として知るべし、と。元帝之を異とす。

（注）汝意謂ふに〜何如…お前は長安と太陽のどちらが遠いと思うか。 日辺…太陽の辺り。 異とす…非凡であると感心した。

（世説新語より）

問 ──線部「日遠し」とあるが、明帝がこう判断したのはなぜか。次の文がその理由を説明したものとなるよう、□に入る適切な内容を、現代語で答えなさい。

▽ □ けれども、人が太陽の辺りから来たという話は聞いたことがないから。

〔 〕

短歌・俳句

入試メモ　短歌・俳句に関する知識、特に句切れや季語が問われることが多い。

出題率 19.8%　ランク 3　正答率 65%

7

次の俳句と同じ季節を詠んだものはどれか。あとのア〜エから一つ選び、記号で答えなさい。 [栃木県]

鐘つけば銀杏散るなり建長寺　夏目漱石

ア 菜の花のちりこぼれたる堤かな　瀧井孝作

イ 独り碁や笹に粉雪のつもる日に　中勘助

ウ 頂上や殊に野菊の吹かれ居り　原石鼎

エ 閑かさや岩にしみ入る蝉の声　松尾芭蕉

〔 〕

5 古典・詩歌

古文

入試
メモ

仮名遣い、動作主（主語）、会話文
などを問う問題が多く出題される。

出題率 **88.5**%

ランク **①**

---

1 超重要

次の──線部を現代仮名遣いに改め、すべてひらがなで
書きなさい。

［福島県］

▽ただ便にまかせて、次第にかかはらず、これをもかれ
をも見るべし。

（『うひ山ぶみ』より）

〔　　　〕　　〔　　　〕

正答率 **99**%

2

次の文章を読んで、あとの問いに答えなさい。

［京都府］

*八条大将保忠と申す人也。*本院のおとどの子也。
人にはぢられたる人也。*内へまゐり給けるみちに、時の
*靫負の佐あひて、車よりおりて立たりけり。大将とがめて
いはく、「騎馬のとき、此礼あるべし、車にてはあるべか
らず」。*靫負佐陳じていはく、車にておりざる事は、た
ひに其人としらぬ時の事也。君、*随身ぐし給へり、我、又、
*火長あひしたがふ。すでにその人としりぬ、何ぞ礼節をい
たさざらんといひけり。大将、理をれてほめ給けり。

（注）
人にはぢられたる人…周囲から尊敬されている人。
内…宮中。
陳じて…釈明して。
靫負の佐…宮中の警護にあたる役人。
随身…付き従って警護にあたる役人。
ぐし給へり…お連れになっており。
火長…都の治安維持にあたる役人。

---

(1) ──線部「おりて立たりけり」の主語である人物とし
て最も適切なものを、次のア～エから一つ選び、記号で
答えなさい。

ア 八条大将保忠　　イ 本院のおとど
ウ 靫負の佐　　　　エ 随身

〔　　　〕

(2) 本文中には、発言の部分を示すかぎかっこ（「 」）が二か
か所に発言の部分が二か所あり、そのうちの一
所に発言を示すかぎかっこ（「 」）が書かれていない。そ
の発言の部分の、初めと終わりの三字をそれぞれ書き抜
きなさい。

☐☐☐
～
☐☐☐

3

次の文章を読んで、あとの問いに答えなさい。

［熊本県］

剣術を教へて世を渡る士あり。年寄りければ、*させるわ
ざもあらざるよし、人いひあへり。しかるに、かの士、朝
とく起きて、門にたたずみけるに、はからずも荒猪の駆
け来たり。*逃ぐべきやうもあらざりければ、持ちたる杖に
て一打に打ちけるに、杖は細かりければふたつに折れて、
猪は倒れたり。これを聞きて、日頃心ゆかず思ひける者も、
今かく老いても、年来の習練むなしからざることを感ぜし
となり。

（注）
させるわざ…たいした腕前。
逃ぐべきやうもあらざりければ…逃げられそうもなかったので。

問 ──線部「持ちたる杖にて一打に打ちける」とあるが、

（『閑窓自語』より）

（『続古事談』より）

解答・解説 別冊
p.47

103

場面・情景・表現

2

入試メモ　場面分け、情景と心情の関わりなどの出題が多い。

出題率 54.2%　ランク 2

イ　温和な言葉で話す上野に比べ、自分はあまりにひどいことを言ってしまったと気付き、謝りたいと思いつつも決心がつかなかったから。

ウ　上野に無視されたように感じて思わず心無い言葉を発したが、打ち解けた話し方に驚き、何と答えてよいか分からなくなったから。

エ　自分には理解できない話題について、遠慮も気遣いもない言い方で話してくる上野の態度を不審に思い、何も言えなくなったから。

〔　　　〕

次の文章を読んで、あとの問いに答えなさい。

[奈良県]

　立春をとうに過ぎたのに、しんしんと冷え込む夜だった。

「先生、ありがとうございました。」

「寒いから、ちゃんと身づくろいしてお帰りなさい。」

「はい。また来週お願いします。さようなら。」

　そんな挨拶を交わして、いつものようにお茶の先生の家を出、社中*の仲間としゃべりながら、のんびりと駅に向かった。

　稽古の帰り道は、いつもと同じ景色がさえざえと見える。あたりは夜の闇で、吹きつける風は寒いけれど、空気が澄んで、家々の明かりが滲んで見えた。

　その時、気づいた。そういえば、稽古場の門を出た時から、ほのかな香気がひたひたとついてくる。どこからともなく切れ切れに流れてくるメロディーのように、冷たい風に乗ってくる。

　瞼をとじ、夜気を深く吸い込んだ。次の瞬間、

「……。」

　胸の奥が冷えて、肺の在りかをはっきりと感じた。

　私は甘美な香りにふっくらと包み込まれた。

　目を開くと、通りの向こうに大きな木が見えた。いつも前を素通りしてきた木だった。見上げると、矢のように細い枝が空に向かってツンと伸び、その枝々に、夜目にも白いものがぼんやりと見えた。

　梅だ……。梅が咲いている。

　ハッとした。

　これが梅の香りというものか……！

(注)　社中の仲間…同じ先生に学ぶ仲間。

（森下典子「こいしいたべもの」より）

超重要

問　——線部の表現の特色として最も適切なものを、次のア～エから一つ選び、記号で答えなさい。

正答率 90%

ア　主語を省略して、香りの在りかを自由に想像させようとしている。

イ　語の順序を逆にして、香りに対する感動を強調しようとしている。

ウ　他のものにたとえて、香りが漂ってくる様子を印象深く伝えている。

エ　同じ言葉を繰り返し、香りがより強まる感じを段階的に表している。

〔　　　〕

心情・主題

1

次の文章を読んで、あとの問いに答えなさい。　　　　［東京都］

教室には休み時間のだらけた雰囲気が残っていた。わたしも体を半分上野の方へ向けて座っていた。しかし上野に話しかけたくても、どう接して良いものか分からず、話の糸口を上手く摑めないでいた。

上野は辞書を熱心に読んでいた。見るからに古く、年季の入った辞書だった。四隅がぼろぼろで、頁も手垢で黒ずんでいた。箱もなく、白かったであろう表紙はねずみ色と言っていいぐらいで、金色の題字は剝がれてほとんど残っていない。しかしそんな辞書とは対照的に、それを読む上野の目は爛々と輝いていた。彼の目にわたしの姿は映っておらず、わたしは不思議と苛立ちを覚え、気が付いた時には乱暴に言葉を発していた。

「お前、汚い辞書使ってんな。」

言葉が舌の上を通り抜けた瞬間から、激しい後悔が襲った。たしかに上野の使っている辞書は、お世辞にも綺麗とは言い難い代物だった。だからといって、他にいくらでも言いようがあっただろう。わたしは自分の声が周りに聞こえていることも十分に意識していた。お前、汚い辞書使ってんな。つぶらな、大きな目だった。鼓動が激しくなる中、顔をあげた上野と目が合った。こちらをじっと見つめかえしながら彼は言った。

「うん、母さんがくれたんだ。大学の時に買ってもらった辞書な

んだって。」

屈託も衒いもない言い方だった。わたしは彼が言おうとしたことが何一つ呑み込めずにいた。どうして上野の母が出て来るのか、ダイガクとは何か、だからどうだというのか、わたしにはよく分からなかった。しかし、何よりもその口調がわたしの心を打った。それは昔と変わらない、心を許した相手にだけ向けた穏やかな話し方だった。わたしはろくに返事もできず、ちょうど先生が教室へ入ってきたのを良い事に、上野に背を向けた。

授業が始まっても、内容は頭に入って来なかった。こちらを見つめかえした上野の目の印象がなかなか頭から去らなかった。振り払おうと必死になる度に、後ろから辞書をめくる音が聞こえた。

（澤西祐典『辞書に描かれたもの』より）

（注）衒い…ひけらかすこと。

問 ──線部「わたしはろくに返事もできず、ちょうど先生が教室へ入ってきたのを良い事に、上野に背を向けた。」とあるが、「わたし」が「ろくに返事もできず、ちょうど先生が教室へ入ってきたのを良い事に、上野に背を向けた」わけとして最も適切なものを、次の**ア〜エ**から一つ選び、記号で答えなさい。

ア 淡々とした口調であったが、今までにないほど強いまなざしで上野が見つめてくるので、何を言っても許してもらえないと思ったから。

正答率 48%

段落・要旨

3

入試メモ　段落の内容や役割、文章の構成を問う問題が出やすい。

出題率 51.0%　ランク 2

いでやり取りしているということです。しかも、このうなずきがヒト同士の関わりの潤滑油になるのです。

問　——線部「ヒト同士の関わりの潤滑油」とあるが、これはどのようなものか。最も適切なものを、次のア〜エから一つ選び、記号で答えなさい。

ア 人間と人間の関係を一時的に修復するためのもの。
イ 人間と人間の関係を機械的に進めていくためのもの。
ウ 人間と人間の関係を限りなく拡大させるためのもの。
エ 人間と人間の関係を滞りなく成り立たせるためのもの。

（中道正之『サルの子育て　ヒトの子育て』より）

正答率 〔　　〕

次の文章を読んで、あとの問いに答えなさい。（①〜④は段落番号である。）

［滋賀県］

① 書くことで、読む力は飛躍的に伸びるといっても過言ではありません。文字を覚えるときもそうですが、読むことは書くことと循環して、はじめて力を発揮できるのです。たとえば、読点（、）を打つことを考えてみてください。文のどこに区切りを入れればいいかは書きすすめていきますが、実際に読点を記入した後、もう一度読んでみて、また打つ位置を変えたりします。この読むことと書くことの反復が、文を適切に区切って読む力も、書く力も同時に高めるのです。

② このことは、実際に書いてみなくても、頭の中で、読んでいるときに、それを意識的に行ってみるだけで十分効果があります。

③ また、このことにかかわってもう一つ大切なことは、書いた人の立場でそれを行ってみることです。筆者が何を考えて、それをどう表現しようとしたのかを、筆者の側に立って、考えてみるだけでいいのです。

④ 人間の多くの営みは交渉で成り立っていますが、交渉するさいに、どれだけ相手の立ち場に立って考えられるか、そこでの利害を自分の立場からだけでなく、双方の立場に位置づけられるかといった力が求められます。相手の立場に立ってどれだけリアルにその思考過程や表現過程を思い描けるか、これが身につけるべき技術です。

（塚田泰彦『読む技術〜成熟した読書人を目指して〜』より）

差がつく 問　④段落について説明したものとして最も適切なものを、次のア〜エから一つ選び、記号で答えなさい。

ア ③段落で述べた意見への理解が深まるよう、立場を変えることの重要性を別の角度から説明している。
イ ③段落で述べたことと対比させ、違いが明確になるよう、交渉の技術という新たな視点を示している。
ウ ③段落までに述べたことのまとめとなるよう、立場を変えることの重要性について意見を述べている。
エ ③段落で提起した問題を解決できるよう、交渉の技術という視点をふまえて、答えを導き出している。

正答率 43% 〔　　〕

内容理解

入試メモ　述べられたことを読み取らせる設問。必ず出題される。

出題率 94.8%　ランク ①

1

[佐賀県]

次の文章を読んで、あとの問いに答えなさい。

　ダーウィンは、進化には二つの大きな要因があると考えました。

　一つは、小さな変化が時間の経過とともに積み重なることで、それが主流になっていくというもの。もう一つは、「突然変異」です。

　小さな変化を積み重ねるタイプの進化だけだと、たとえば急激な気候変動など、短期間に適応しなければならないような場合に、適応しきれずに絶滅してしまう危険性が大きくなります。

　しかし突然変異は、文字通り「突然」、つまり短期間に大きな変化が生じるので、急激な変化にも対応することができます。ですから、たった一匹だけでもいいので、そういう変異体が生まれれば、その遺伝子が受け継がれることで、種として適応していくことができる可能性が高まります。

（齋藤孝『齋藤孝のざっくり！西洋哲学』より）

超重要 ▶

問　——線部「進化には二つの大きな要因がある」とあるが、ダーウィンは進化についてどのように考えたか。それを説明した次の文の空欄にあてはまる適切な言葉を、指定された字数で本文からそれぞれ書き抜きなさい。

正答率

　時間の経過とともに

☐☐☐☐☐（五字）が積み重なったり、急激な環境の変化に対応できる☐☐☐☐（四字）が起きたりすることで、☐（一字）として適応し、進化につながっていく。

2

[群馬県]

次の文章を読んで、あとの問いに答えなさい。

　「うなずき」が無意識に行われる行動かどうかははっきりしません。話し相手を見ながら、そのヒトの言うことを聞いていて「確かに」と思うときには、すでにうなずいていることが多いというのが、私の実感です。だから、話し相手に同意するときは、意識せずにうなずきなどの同意の動作や表情を表出しているときもあると思います。他方、話し手は聞き手のうなずきを意識していなくても、そのうなずきに影響されることは言うまでもなく、大学生に思いつく英語の名詞を次々に声に出して言う課題を出します。英語の名詞には単数形と複数形があります。複数形のときのみ、聞き手がうなずくのです。そうすると、大学生は複数形を言うことが多くなります。しかも、この簡単な実験に参加した多くの大学生は、聞き手が複数形のときだけうなずいているのに気が付いていませんでした。つまり、ヒト同士の関わりの中で頻繁に表出されているうなずきは送り手も受け手も必ずしも意識しな

解答・解説 別冊 p.46

文の組み立て

入試メモ　文節どうしの関係に関する問題が出題される。

出題率 34.4%　ランク 2

6 「他の誰かなのかは知らないが」にある自立語の数を、数字で書きなさい。

［兵庫県］〔　　〕　正答率 49%

7 次の文を文節で分けたとき、いくつに分かれるか、その数を漢数字で答えなさい。

▽明良はそんな真野をじっと見つめた。

［島根県］〔　　〕

8 「考えてみたい」の、「考えて」と「みたい」の関係を、次のア〜エから一つ選び、記号で答えなさい。

ア　主語・述語の関係
イ　修飾・被修飾の関係
ウ　並立の関係
エ　補助の関係

［青森県］〔　　〕　68%

9 差がつく

次の文を、あとの**アドバイス**に従って書き換えなさい。

▽主な出し物は、三年生による劇や学級合唱です。

［大分県］〔　　〕

【アドバイス】
合唱を行うのは、三年生だけではないと分かるようにする。語順を入れ替えると誤解が生じない。

用言の活用

入試メモ　動詞の活用の種類や活用形に関する問題が出やすい。

出題率 18.8%　ランク 3

10 次の文の「話し」と活用形が同じ動詞を、あとのア〜エの──線部から一つ選び、記号で答えなさい。

▽友人と夏休みの思い出について話した。

ア　地図を見れば、駅までの経路がわかる。
イ　春が来ると、雪が溶けて草木が芽吹く。
ウ　今度の週末は、図書館に行こうと思う。
エ　窓を開けて、部屋の空気を入れ換える。

［新潟県］〔　　〕　正答率 38%

11 次の文の──線部「し」は動詞である。活用の種類と活用形を書きなさい。

▽最近では、郵便で読者に詩を届けるなど、新たな試みを取り入れた活動をしています。

活用の種類〔　　〕
活用形〔　　〕

［熊本県］

2 文法

品詞や意味用法の識別

入試メモ 同じ品詞や同じ意味用法を選ばせる問題が多い。

出題率 50.0%
ランク 1

1

次の文の「丁寧に」と同じ品詞のものを、あとのア〜エから一つ選び、記号で答えなさい。

▽丁寧に説明する。

ア 彼は貴重な人材だ。
イ 彼らは悲しみにくれている。
ウ 私は困っている人を助けたい。
エ 彼女は明るい性格だ。

[茨城県]

正答率

2

次の文の「まるごと」の品詞名として適切なものを、あとのア〜エから一つ選び、記号で答えなさい。

▽素読は、経書をまるごと、からだに取り込む学習だ。

ア 形容詞　イ 形容動詞
ウ 連体詞　エ 副詞

[愛媛県]

58%

3

難→

次の文の中から動詞をそのまま書き抜きなさい。

▽リーダーシップがあって足が速い。

[岐阜県]

29%

4

次の文の──線部「られる」と同じ意味で用いられているものを、あとのア〜エから一つ選び、記号で答えなさい。

▽待ち時間が長く感じられる。

ア 空梅雨で水不足が案じられる。
イ 観光客から道を尋ねられる。
ウ 好き嫌いなく食べられる。
エ 社長が出張先から戻って来られる。

[神奈川県]

69%

5

超重要

次の文章中の══線部「の」と同じ意味用法であるものを、ア〜エの中から一つ選び、記号で答えなさい。

野鳥を観察するの══が友人の趣味だ。学校からの帰り道に、公園のアの近くまで来ると、鳥のイの鳴く声が聞こえた。探してみると、珍しい鳥を見つけた。「あの鳥の名前は何と言うのウの。」と私が尋ねると、友人は「シラコバトだよ。野鳥を観察して、鳥の名前を調べるのエも楽しいよ。」と教えてくれた。

[埼玉県]

88%

解答・解説 別冊 p.45

109

漢字・熟語の知識

入試メモ　行書と楷書の違い、熟語の構成を問うものが多い。

出題率 64.6%　正答率　ランク 2

5

漢字を行書で書くとき、楷書と異なる筆順で書くことがある。次の**ア〜エ**の漢字の中で、楷書と異なる筆順で書いたものを一つ選び、記号で答えなさい。

［三重県］

ア 放　イ 場　ウ 紙　エ 刊

〔　　　〕

6

次の文章は「三」という漢字の成り立ちに関して述べたものである。 A ・ B にあてはまる最も適切な語を、 A はあとの I 群**ア〜エ**から、 B は II 群**カ〜ケ**から、それぞれ一つずつ選び、記号で答えなさい。

［京都府］

形のない事柄を、記号やその組み合わせで表すことによって作られた漢字は、 A 文字に分類される。

「三」という漢字は、「三」と同じく、一般的にこの A に分類される。

I 群〔**ア** 象形　**イ** 指事　**ウ** 会意　**エ** 形声〕

II 群〔**カ** 河　**キ** 馬　**ク** 林　**ケ** 上〕

A 〔　　　〕　B 〔　　　〕

慣用表現

差がつく

7

入試メモ　慣用句・ことわざの意味と使い方がよく出る。

次のうち、「危険」と熟語の構成が同じものはどれか。一つ選び、記号で答えなさい。

［大阪府］

ア 寸暇　**イ** 締結　**ウ** 避難　**エ** 抑揚

〔　　　〕

68%

8

出題率 54.2%　正答率　ランク 3

次の（　　）にあてはまる言葉として最も適切なものを、あとの**ア〜エ**から一つ選び、記号で答えなさい。

［鳥取県］

「（　　）」というように、海岸から眺めた実際の景色は、観光用のパンフレットの説明からは想像もつかないほど雄大ですばらしいものだった。

ア 一を聞いて十を知る　**イ** ちりも積もれば山となる

ウ 百聞は一見にしかず　**エ** 待てば海路の日和あり

〔　　　〕

81%

9

次の文の——線部を簡潔に表すために、四字熟語を使った表現にしたい。最も適切なものを、あとの**ア〜エ**から一つ選び、記号で答えなさい。

［静岡県］

▽脇目もふらず集中して練習している。

ア 悪戦苦闘して　**イ** 一心不乱に

ウ 一念発起して　**エ** 悠々自適に

〔　　　〕

漢字の読み・書き

入試メモ 漢字の読み書きは、必ず出題される。

出題率 100%

ランク 1

1 次の各文の——線部の漢字の読みがなを答えなさい。

(1) 心地よい風にカーテンの裾が揺れる。　〔山梨県〕

(2) 甘(あま)い香(かお)りが漂う庭に足を踏(ふ)み入れる。　〔鳥取県〕

(3)【超重要】工夫を凝(こ)らす。　〔鹿児島県〕

(4) 緑の芝生(しばふ)は市民の憩いの場だ。　〔千葉県〕

正答率　84%　96%　86%　78%

2 次の各文の——線部の漢字の読みがなを答えなさい。

(1) 部屋を掃除する。　〔栃木県〕

(2) 僅差で勝利する。　〔青森県〕

(3) 果敢に挑戦(ちょうせん)する。　〔高知県〕

(4) 人生の岐路に立つ。　〔神奈川県〕

(5)【差がつく】示唆に富む話を聞く。　〔徳島県〕

(6) 箱に緩衝材を入れる。　〔福井県〕

正答率　98%　90%　64%　81%

3 次の各文の——線部を漢字に直しなさい。

(1) ひまわりの種からメが出た。　〔新潟県〕

(2) ヒタイに汗(あせ)をかく。　〔和歌山県〕

(3) 近くの海岸で初日の出をオガむ。　〔愛知県〕

(4) 犬も歩けばボウに当たるということわざがある。　〔北海道〕

正答率　94%　78%

4 次の各文の——線部を漢字に直しなさい。

(1)【超重要】バスのウンチンを払(はら)う。　〔山形県〕

(2) 被災地(ひさいち)のフッコウを急ぐ。　〔岐阜県〕

(3) 昼夜のカンダンの差が激しい。　〔大阪府〕

(4) 幼い妹たちの言い争いをチュウサイする。　〔東京都〕

(5)【差がつく】注意事項(じこう)をネントウに置いて行動する。　〔宮城県〕

(6) 絵をテンラン会に出品する。　〔滋賀県〕

正答率　84%　51%　63%　33%　57%

解答・解説　別冊　p.45

□ 編集協力　㈱アポロ企画　㈱プラウ21　大木富紀子　木村由香　出口明憲　名越由実　山中綾子

□ 本文デザイン　CONNECT

□ DTP　㈱明友社

□ 図版作成　㈱明友社

□ イラスト　今田貴之進

□ 写真提供　国立国会図書館　ColBase（https://colbase.nich.go.jp）

シグマベスト

高校入試
超効率問題集　5科

本書の内容を無断で複写（コピー）・複製・転載することを禁じます。また，私的使用であっても，第三者に依頼して電子的に複製すること（スキャンやデジタル化等）は，著作権法上，認められていません。

編　者　文英堂編集部

発行者　益井英郎

印刷所　中村印刷株式会社

発行所　株式会社文英堂

〒601-8121　京都市南区上鳥羽大物町28
〒162-0832　東京都新宿区岩戸町17
（代表）03-3269-4231

●落丁・乱丁はおとりかえします。

超効率問題集

5科

英語　数学　国語　理科　社会

解答・解説

文英堂

Ⅰ 未来／進行形・受け身・現在完了

1 ア

解説

文末に **now** があることから，**現在進行形**となる。主語はOne（単数）であることに注意。

全訳

私が昨日買った鳥の1羽が今，鳴いています。

2 ①were ②running

解説

ナミの発言から，ポールが見たものは市のマラソン大会の風景とわかる。ここから考えると，空所には「**走っていた**」を表す語句が入ると考えられる。ポールの発言の3文目が**過去進行形**であることもヒントとなる。

全訳

ポール：昨日，私は繁華街に行って驚きました。多くの人たちが通りを走っていたのです！ そして，多くの人たちが通りに沿って彼らを応援していました。
ナミ：ああ，それは市のマラソンだったと思います。

3

(1)　know what others are thinking
(2)　more and more foreign people are coming to Japan every
(3)　what my classmates were doing after
(4)　will be a person who can solve

解説

(1) 語群の中に **thinking** と **are** があることから，この2語を結び付けた**現在進行形**をもとに答えを考えるとよい。

全訳

そうすることで，私たちはほかの人たちが何を考えているのか知ることができます。

(2) 語群の中に **are** と **coming (to)** があることから，**現在進行形**の文になると予想する。

全訳

今では，毎年ますます多くの外国の人たちが日本にやって来ています。

(3) 語群の中に **were** と **doing** があることから，**過去進行形**の文になるのではないかと予想する。

全訳

私はクラスメートたちが放課後に何をしているのか知りませんでした。

(4) 語群の中に **will** と **be** があることから，この2語を結び付けた**未来の文**を考える。

全訳

将来，私は世界の問題を解決できる人になるつもりです。

4 ウ

解説

空所の直後に build（建てる）の**過去分詞形**があるので，**受け身の文**になると考えられる。主語がThat house（単数）であることに注意すること。

全訳

大きな窓のあるあの家は，10年前に建てられました。

5

(1)　students are not allowed to
(2)　are made from oil

解説

(1) 語群の中に **allowed**（allow「許す」の過去・過去分詞形）と **are** があることから，**受け身の文**になると考える。**be allowed to ～**（～することが許される）は熟語として覚えておくとよい。

全訳

A：ドアにはってあるそれには何て書いてあるの？
B：生徒がここから入ることは許されていません，と書いてあるんだよ。

(2) **be made from ～**（～〈原料〉からできている）は覚えておきたい熟語の1つ。**be made of ～**（～〈材料〉でできている）も覚えておこう。

全訳

A：これらのペットボトルが石油からできていることを知っていましたか。
B：はい，私たちはそのことを理科の授業で学習しました。

6

(1)　wonderful movie I have ever watched
(2)　try things I've never done
(3)　the bike I have wanted for many

(1) 語群の中のキーワード **ever**，**watched**，**have** から，**現在完了**になると考える。

レイコ：あなたは「となりのトトロ」を知っていますか。
ナンシー：はい！ それは私が今までに見た中で最もすてきな映画です。よい話です。
レイコ：私もそう思います。

(2) 語群の中のキーワード **I've** と **done** から，これらが結び付いて**現在完了**になると予想できる。

A：あなたは高校生になったら何をしたいですか。
B：ええと，私は中学校でやったことがないものごとに挑戦したいです。

(3) buyの目的語として入るのはthe bikeだけ。その語句を先行詞とする**目的格の関係代名詞**が**省略**されている。

トム：今日は楽しそうだね。どうして？
ケン：今日の午後，兄[弟]と買い物に行くからとても楽しいんだ。ぼくが何年もずっと欲しかった自転車を買う予定なんだ。
トム：いいね！

2 前置詞・接続詞・文の構造

1 (1) エ (2) ア (3) ア (4) エ

(1) 空所のあとは**文ではない**ので，**ア**と**イ**は正解にはなり得ない。**ウ**と**エ**の意味から，duringが適当。duringは「（期間）の間に」，betweenは「（2つの人・もの）の間に」。

2月の有名なお祭りの間に，多くの人がその市を訪れます。

(2) 空所以下は，前のpeopleに**説明を加える前置詞句**になると考え，「介助犬と一緒の人たち（＝介助犬を連れた人たち）」となる**with**が適当。

この看板を見てください。スーパーマーケットやレストランのようないくつかの場所に，これらの1つがあります。この犬はペットではありません。これは困難がある人たちを手伝う犬です。この看板は，これらの場所が介助犬を連れた人たちを歓迎していることを示しています。

(3) 「〜語で」を意味する〈**in ＋ 言語名**〉は，暗記しておきたい表現の1つ。

先月私は，アメリカに行くために英語で面接試験を受けました。

(4) tunnelのあとにthe mountainがあるから，山を「**通り抜ける**」トンネル，以外の答えは考えられない。

大庭さんは米を育てるために，芦ノ湖からの水を使いたいと思いました。それは，自分たちの村に水をもたらすために山を通り抜けるトンネルを建設しなければならないことを意味していました。

2 (1) was your dream when you were
(2) who lived near our house brought these

(1) カッコの直前にWhatがあるので，語群の **when** は疑問詞ではなく**接続詞**であることがわかる。

ミカ：子どものとき，あなたの夢は何でしたか。
サム：ええと，科学者になりたいと思っていました。あなたはどうですか。

(2) nearを中心に「私たちの家の近くに住んでいた」**lived near our house** のかたまりを作る。この語句をもとにして文を組み立てていくとよい。

私のおじは，「私たちの家の近くに住んでいた1人の少年が，これらを私たちのところに持って来てくれた」と言いました。

3 (1) show him some pictures I took
(2) Watching it made me very excited
(3) told us her memories

(1) 〈**show ＋ 人 ＋ もの**〉「（人）に（もの）を見せる」の第4文型になると予想する。「もの」にあたるのがsome pictures，そのあとに，**関係代名詞を省略した**I took (there) が続き，前のpicturesを修飾している。

A：君はジョーンズ先生にオーストラリアへの旅行について話しましたか。

B：いいえ。今度彼に会うとき，私がそこで撮った写真を何枚か見せるつもりです。

(2) 〈make＋人［もの］＋形容詞〉で「（人［もの］）を～にする」の意味を表す文になると予想する。

解説ラベル 全訳

私の新しい学校生活が始まりました。今日は，生徒会が私たちに学校についてのビデオを見せてくれました。それを見て，私はとても興奮しました。

(3) 〈tell＋人＋ものごと〉「（人）に（ものごと）を伝える」の文になると予想する。語群のherは所有格で，memoriesの前に置く。

全訳

A：修学旅行の間に，あなたは平和について何を学びましたか。

B：多くのことを学びました。私たちに思い出を話してくれた年老いた女性を特に覚えています。

4 (1) know how often they practice
(2) did you get so many CDs
(3) Is there anything I should bring

解説

(1) まず，**want to know** のかたまりを作る。次に，how often「どれくらいひんぱんに」で始まる**間接疑問**がknowの目的語になるのではないかと予想しよう。

全訳

ビル：カズオ，君は水泳部に入ることを決めた？

カズオ：うん。ビル，君はどう？

ビル：まだ決めていないんだ。ぼくは彼らが毎週どれくらいひんぱんに練習するのか知りたいんだ。

カズオ：彼らはほとんど毎日練習すると思うけど，毎週日曜日と月曜日はしない。

(2) カッコの直前のHowは「どのようにして」の意味。How many とするとうまく並べられなくなるので注意する。

全訳

アンディ：君は本当に音楽が好きだね。どのようにしてそんなにたくさんのCDを手に入れたの？

ユウジ：それらのほとんどを自分で買ったんだよ。

(3) 〈There is［are］～ .〉の疑問文だと考える。there のあとにはanything，そして関係代名詞節が続く。

全訳

A：今度の土曜日に野球の試合を見に行くんだけど，私は球場で試合を見たことが一度もないの。何か持っていくべきものがあるのかな。

B：そこはとても暑いだろうから，水がたくさん必要だよ。

3 いろいろな品詞

1 ア

解説

空所の直前に前置詞byがある。前置詞のあとには**名詞（相当語句）**が続くので，**動名詞**を選ぶ。

全訳

多くの人たちと話すことで，私たちは新しいアイディアを手にすることができます。

2 (1) asked me to go shopping
(2) There are many places to visit
(3) difficult for me to talk in front

解説

(1) 〈ask＋人＋to＋動詞の原形〉の文になると考える。go shoppingを先に作り，残りの語句から答えを考えてもよい。

全訳

A：明日，あなたは何を計画していますか。

B：妹に，一緒に買い物へ行こうと頼まれました。

A：楽しそうですね！　あなたたちはどこへ行くつもりですか。

(2) 語群中にplaces, to, visitがあるので，「訪れるべき場所」を表す**places to visit**を作る。

全訳

アキラ：ようこそ！　鳥取には訪ねるべき場所がたくさんあります。大山はその１つです。とてもきれいですよ。

デイビッド：ありがとう。わくわくします。

(3) 語群の前にit's，中にme, difficult, for, toがあるので，〈It is ～ for ― to ...〉の文になると考える。

全訳

ジャック：今日の午後，君は英語の授業でスピーチをすることになっているね。準備はいい？

ミワ：うん，でも多くの人の前で話すのは私には難しいことだから，心配なの。

ジャック：心配しないで。君ならできるよ。

| 3 | (1) | ①ウ | ②エ | (2) | ③エ | ④イ |

解説

(1) まず，go to the に続く語を選ぶ。残った語句は，図書館へ行った**目的**を表すように並べかえる。したがって解答部分は，library to borrow some books となる。

全訳

A：あなたは明日，何をするつもりですか。
B：何冊か本を借りに，図書館へ行くつもりです。

(2) to と too があるので，〈too ... to 〜〉の文になると考える。助動詞 may があることに注意する。したがって解答部分は，may be too big to go となる。

全訳

A：私と一緒にこの机を隣の部屋に運んでもらえませんか。
B：わかりましたが，それは大きすぎてドアを通り抜けられないかもしれません。

| 4 | hers |

解説

Aの疑問文の内容から，カッコ内は「彼女のもの」を表す**所有代名詞**が適切。

全訳

A：どちらがナオミの新しい自転車ですか。
B：赤いのが彼女のものです。

| 5 | (1) イ | (2) イ | (3) イ |

解説

(1) スミス先生の発言の第1文から，空所には**よい意味の語**が入る。選択肢の中では，kind しかない。

全訳

イチロウ：宮城での新しい生活はどうですか。
スミス先生：とてもすてきです。近所の人たちは私にとても親切です。

(2) 空所のあとに続く文の内容に注目。**自然な流れとなる形容詞**を選ぶ。ここでは，「完璧な」が適当。

全訳

最終日に，私はお客さんと少しはより上手に話すことができました。私の英語は完璧ではありませんでしたが，日本語を話さないお客さんの何人かが来たとき，私は英

語で彼らの手伝いをしました。

(3) **One 〜, (and) the other ... で「1人は〜で，もう1人は…」「一方は〜で，他方は…」。この文章ではOneは代名詞であるのに対して，otherは形容詞であることに注意。**

全訳

彼らの1人が子どもたちの世話をしました。もう1人の学生は小さな村を訪れ，そこに住んでいる人たちのために井戸を掘りました。

6	(1)	dinner cooked by your sister
	(2)	sitting under the tree is
	(3)	the number of languages used in the world

解説

(1) 文の中心は **The dinner was good** で，残りは cooked by your sister となり，dinner を修飾する。

全訳

A：あなたのお姉さん[妹さん]が作ってくれた夕食はおいしかったです。
B：それを聞いたら，彼女は喜ぶでしょう。

(2) 文の中心は **The girl is my sister**。残りは sitting under the tree となり，girl を修飾する。

全訳

A：この写真を見てください。木の下に座っている女の子は私の姉[妹]です。
B：ああ，彼女はあなたに本当に似ていますね。

(3) used に注目。used の主語になる語や be 動詞は語群の中にないので，**分詞の形容詞用法**と考える。

全訳

A：あなたはインターネットで何を見つけようとしているのですか。
B：世界で使われている言語の数を見つけようとしているのです。

4 関係代名詞／比較

1	(1)	which she wrote last year is
	(2)	I haven't met the student who came
	(3)	word your younger brother said
	(4)	there anything else we should

(5) the pictures I took there

(6) showed us an interesting story he

解説

(1) 文の中心はthe book is very popular ～と予想する。語群中のwhichは**目的格の関係代名詞**で，後ろから前のbookを修飾するように並べる。

全訳

A：その作家は賢いと思います。

B：あなたはなぜそう思うのですか。

A：彼女が昨年書いた本は，あらゆる年代の人たちにとても人気があるからです。

(2) 文の中心は**I haven't met the student**。残りはカッコの外のfrom Japanと結び付いて，studentを修飾する。

全訳

フレッド：ぼくは日本からやって来た生徒にまだ会っていないんだ。君は？

スーザン：会ったよ。私は昨日，廊下で彼女を見かけたよ。彼女はとても上手に英語を話していたよ。

(3) 形容詞firstと結びつくのは名詞wordだけ。brotherやsaidから，**目的格の関係代名詞を省略した〈主語＋動詞〉**が，wordを修飾する形になると考える。

全訳

A：あなたの弟さんが最初に言った言葉を覚えていますか。

B：はい。それは「いいえ」でした。

(4) Is there ～ ? の疑問文になると予想する。そのあとは，先行詞anything elseを**we should bring ～**が修飾する形になると考える。

全訳

メグミ：来週修学旅行に行くのがとても楽しみなんだ。

ジェーン：私も。修学旅行の準備はできてる？

メグミ：うん。ああ，お母さんが「来週は寒い」って言ってたわ。

ジェーン：本当に？　それなら，上着が必要だね。修学旅行に持っていくべきものはほかにある？

メグミ：それで十分だと思うよ。楽しもうね。

(5) 語群の中の語の意味から，**「私がそこで撮った写真」**となることが容易に予想できる。関係代名詞に相当する語は見当たらないので，先行詞picturesのあとに〈主語＋動詞〉を続ける。

全訳

A：休暇を楽しんだ？

B：ええ！　北海道へ行ったの。これらは私がそこで撮った写真だよ。

A：ああ，美しいね！

(6) **〈show＋人＋もの〉**の文。「もの」に当たるan interesting storyを後ろから語句が修飾する形になる。heは**目的格の関係代名詞節**（関係代名詞は省略されている）**の主語**として，foundの前に置かれる。

全訳

生徒会役員の1人が，新聞で見つけた興味深い話を私たちに見せてくれました。

2　(1) **イ**　(2) **イ**　(3) **エ**　(4) **ア**

解説

(1) 空所の直前にtheがあり，直後にof the threeがあるので，空所には**最上級**が入る。

全訳

ヨシオには2人の兄弟がいて，彼は3人の中で最も若いです。

(2) 選択肢から比較の文になると予想できる。空所の直前にasがあるので**〈as ～ as〉**になる。

全訳

そのネコはいつお母さんネコと同じ大きさになりましたか。

(3) 空所の直前にtheがあり，直後にof all seasonsがあるので，空所には**最上級**が入る。

全訳

A：あなたはどの季節が好きですか。

B：私は夏が好きです。海で泳ぐのが大好きなんです。あなたはどうですか。

A：私はすべての季節の中で春がいちばん好きです。花が美しいです。

B：なるほど。

(4) 第1文の内容から，皇帝は水の中には悪いものがたくさん入っていると考えていたことがわかる。したがって，沸騰させた水のほうが「**よりよい**」と考えると自然な流れになる。

全訳

昔々，ある中国の皇帝は，水の中には多くの悪いものが入っていると考えていました。彼は沸騰させた水を飲むほうが，安全なのでよりよいと信じていました。

3　(1) which do you like better

(2)　dogs are more popular than
(3)　subject do you like the
(4)　do something is the most important
(5)　made by solar panels makes their lives
　　　much more

解説

(1)　**Which do you like better, A or B?**「AとB
　　では，あなたはどちらがより好きですか」は重
　　要表現。

全訳
A：アツシ，春と秋では，あなたはどちらがより好きです
　　か。
B：ぼくは秋のほうが好きです。

(2)　語群の中にmoreとthanがあるので，**比較級**
　　を使った文だとわかる。

全訳
A：私はペットとしてネコが欲しいです。ネコはとてもか
　　わいいですよね？
B：ええ，でも日本ではネコよりも犬のほうが人気です。

(3)　〈**What＋名詞＋do you like (the) best?**〉「あ
　　なたは何の…がいちばん好きですか」は暗記す
　　ること。

全訳
A：あなたは何の教科がいちばん好きですか。
B：理科が好きです。

(4)　mostとtheがあるので，これらとimportant
　　を結び付けて**最上級**を使うと予想する。

全訳
今，何かをし始めることが私には最も大切なことだと思
います。

(5)　まず，electricityを修飾する**過去分詞を用い
　　た形容詞句**を作る。次にこの語句を主語とする
　　〈**make＋人[もの]＋形容詞**〉の文になると予
　　想して語句を並べる。

全訳
しかし，ソーラーパネルで作られた電気は彼らの生活を
ずっと便利なものにしてくれるということがわかりました。

5　熟語・助動詞・会話表現

1　(1)　①Why　②for　③course
　　(2)　④is　⑤famous　⑥both　⑦and

解説

(1)　①　don't weから，相手を誘う **Why don't we
　　　　～?**になると考える。
　　②　a whileから，**for a while**「少しの間」に
　　　　なると考える。
　　③　「もちろん」を表す**of course**となる。

全訳
A：リサの家はこの公園の近くだよ。リサと一緒に遊ばな
　　い？
B：もちろん。その前に，家に戻って飲み物を持ってきた
　　いな。数分かかるよ。しばらくの間，ここで待ってい
　　てくれる？
A：うん，もちろん。

(2)　④⑤　ナミの最初の発言の第2文から，この市
　　　　は女子マラソンで**「有名である」**ことがわか
　　　　る。
　　⑥⑦　ナミは2つ目の発言の最後でポールに，
　　　　「来年一緒に走りましょう」と言っている。
　　　　このことから，10kmのレースは，男性も女
　　　　性も**「両方とも」**出場できるとわかる。

全訳
ナミ：この市は女子マラソンで有名です。毎年，多くの
女性が日本中から，そしてほかの国からそのマラソン
で走るためにやって来ます。
ポール：わかりました。今，私はマラソンで走りたいで
す，しかし，ぼくは男なのでそれに参加できません。
ナミ：心配しないで，ポール。10kmのレースも開かれ
ます。そのレースは男性と女性，両方のためのものです。
来年そのレースで一緒に走りましょう。
ポール：ああ，それはとてもよいアイディアです。レー
スで勝てるように一生懸命練習します！

2　(1)　kind that we
　　(2)　I went to bed at one
　　(3)　is a flower shop in front

解説

(1)　カッコの前にsoがあるので，〈**so ... that ～**〉「と
　　ても…なので～」の形になる。

全訳
ブラウン先生はとても親切なので，私たちは英語での会
話をとても楽しみました。

(2)　語群の中の語から，「寝た」の **went to bed** を
　　作る。

全訳
A：昨夜，サッカーの試合を見た？
B：うん。興奮したよ。1時に寝たよ。

in front of ～ 「～の正面に」は，よく出題される群前置詞。

全訳
A：私はお母さんの誕生日のために何かを買いたいです。
B：駅の正面に生花店があります。そこで美しい花を買うことができますよ。

---

3 (1) **can I get to**
   (2) **don't have to know difficult words**

解説
(1) 疑問詞を使った疑問文で，can があるので，〈疑問詞＋助動詞＋主語＋動詞～ ?〉の語順になる。

全訳
A：すみません。若葉駅へはどうしたら行けますか。
B：5分程度まっすぐ進んでください。それは左手にありますよ。

(2) B の第2文の内容から，「～する必要はない」の **don't have to** を使った文になると考える。

全訳
A：あなたは，私がこの英語の本を読むことができると思いますか。
B：はい。できると思います。難しい単語を知っている必要はないのです。話の概要を理解するようにしなさい。

---

4 (1) **ア** (2) **ア** (3) **ア**

解説
(1) B は最後に「行こう」と A を誘っている。よって空所には，**相手に許可を求める表現**が入る。

全訳
A：やあ，テッドとケン。どこへ行くの？
B：ぼくたちはサッカーをしに公園へ行くところなんだ。
A：えっ，本当に？　君たちと一緒に行ってもいい？
B：もちろん。行こう。

(2) 「帽子が欲しい」という B の発言に対し，A は「わかりました」と言っている。そのあとに続くのは，選択肢の中では，**相手にものを提示する表現**が適当。

全訳
A：お手伝いしましょうか。
B：お願いします。帽子が欲しいのですが。
A：わかりました。こちらはいかがですか？

(3) マークの父の最後の発言から，マークの母は夫に，テニスラケットをマークに届けることを**依頼**したと考えられる。

全訳
マークの母：ああ，マークがテニスラケットを置いて行っちゃった。
マークの父：本当に？　彼は今日，放課後のクラブ活動でそれが必要だと思うんだ。
マークの母：そうね。それを彼に届けてもらえる？
マークの父：わかった，そうするよ。

---

5 例 **I think so, too. / I also think so.**

解説
「そう」は **so** で表す。「～も」は，肯定文なので **too** を使う。また，「～も」に対して also を用いてもよい。この場合，also は think の前に置く。（否定文なら either を用いる。）

---

6 語句の補充・文を完成させる問題

1 (1) **on** (2) **long** (3) **written**

解説
(1) **on the Internet**（インターネットで）は，覚えておきたい表現の1つ。

全訳
トム：あなたの英語はとてもいいですね。どうやって英語を勉強しているのですか。
カナ：私はインターネットで英語のニュースを見ます。

(2) 生徒の発言から女性は，ここから市立博物館までの**所要時間**を尋ねたのだとわかる。

全訳
女性：ここからバスで市立博物館へ行くには，どれくらい時間がかかりますか。
学生：およそ10分です。

(3) 小説『坊っちゃん』は夏目漱石によって書かれた。空所の前の the book を後ろから修飾するような語を入れればよい。したがって空所には，write の**過去分詞形**が入る。

全訳
ジョン：あなたは図書館で何を借りたのですか。
ナオト：『坊っちゃん』です。それは夏目漱石によって書かれた本です。彼は日本で最も有名な作家の1人です。

---

2 ① **ウ** ② **イ**

解説
① **ア** 「日本でのリサイクルの例をいくつか示し

たらどうですか」

イ 「どのようにしてほかの国々のリサイクル
について知るつもりですか」

ウ 「ほかの国々のリサイクルについても話し
てみたらどうですか」

エ 「なぜ日本でのリサイクルについて話した
いのですか」

空所のあとで**A**は，「よい考えだが，時間がな
いので，１か国についてしか話せない」と言っ
ている。したがって**B**は，「ほかの国々のリサ
イクルについても話してみたらどうですか」と
Aに提案したと考えられる。

② **ア** 「発表（プレゼンテーション）を始めましょ
うか」

イ 「私の発表を聞いてもらえますか」

ウ 「あなたの発表を見てもいいですか」

エ 「私の発表が理解できますか」

空所の直前で**A**は，「何度か練習が必要だ」と
言っている。このことから考えられるものとし
て，選択肢の中で適当なのは，「授業の前に私
の発表を聞いてもらえますか」と**B**に依頼して
いる表現だけである。

全訳

A：こんにちは，・グリーン先生。あなたのクラスでの発表
で，ぼくは日本でのリサイクルについて話したいと思っ
ています。どうお考えですか。
B：ええと，悪くはないけど，ほとんどみんながそのこと
についてすでに知っていると思うわ。ほかの国々のリ
サイクルについても話してみたらどう？
A：それはいい考えですね。でも，発表には５分しかあり
ませんから，ぼくは１か国だけについてしか話せない
と思います。その国と日本を比較します。
B：わかりました。よい発表になると思いますよ。
A：何度か練習する必要があります。授業の前にぼくの発
表を聞いてもらえますか。
B：もちろん。喜んでそうさせてもらうわ。

---

3 **例** トマトに水をやりすぎないこと。／
トマトには，強い太陽光がたくさん必要で
あること。

解説

these points「これらの点」とあるので，その内
容はそれよりも前にある。本文２文目最後のtwo
points（２点）に注目。３文目〜５文目はその２点
についての具体的な話である。よって，この２点が
these pointsに当たり，この３文の内容をそれぞ
れまとめて答えればよい。

全訳

今日，世界中の人たちはトマトを育て，食べています。
トマトを育てるときには，少なくとも２つのことを覚え
ておくべきです。第１に，トマトに水をやるときは，注
意しなければいけません。多すぎる水は，しばしばトマ
トを枯らしてしまいます。第２に，太陽からの強い日差
しがトマトにはたくさん必要です。これらの点を心に留
めておけば，砂漠のような極端に暑かったり乾燥してい
たりする地域でさえもトマトを育てることができます。

---

4 **例** I want to join the English speech contest

解説

下線部中のvisited Mr. Yoshida and toldが，与
えられた文ではwent to Mr. Yoshida and saidと
言いかえられていることに気づくことが重要。した
がって，下線部最後のitにあたる内容を，本文中の
英語を参考にして書けばよい。空所はShioriの発
言部分となるので，人称代名詞に注意して答えるこ
と。

全訳

それは，シオリのクラスの朝の会でのことでした。担
任教師である吉田先生が生徒たちに，「来月，中学生向け
の英語スピーチ大会があります。もし参加したければ，
今週末までに私に言ってください」と言いました。
お昼休みの間に，シオリは彼女のクラスメートたちと
その大会について話しました。彼女は「私はスピーチ大
会の参加に興味があるんだ。私にできると思う？」と言
いました。彼女の親友のミカは「もちろん！　あなたは
英語が本当に上手だから，すてきなスピーチになるよ！」
と言いました。「ああ，ありがとう，でも，原稿を書き終
えたらあなたの意見をちょうだいね」とシオリは言いま
した。「もちろん」とミカとほかの生徒たちは言いました。
それで彼女は決心しました。放課後，彼女は吉田先生を
訪ね，そのことを彼に伝えました。

---

7 内容に沿って答える問題

1 ウ，エ

解説

ア 「ケビンは以前にカナダでちらしずしを食べた
ことがある」

イ 「ソウタのお母さんはソウタとケビンと一緒に
カナダ料理を作った」

ウ 「ケビンと彼の家族はカナダのすしレストラン
に行ったことがある」

エ 「京都では，ソウタは花で飾られた料理を楽し
んだ」

オ 「ソウタは京都で友達の写真をたくさん撮った」
それぞれの選択肢の中に**キーワード**を見つけ，その語句やその語句の意味に近い表現を本文中に見つけ，その周辺を読み直し，正誤判定をすること。それぞれの選択肢のキーワードは，**ア**は has eaten ～ in Canada，**イ**は Canadian dishes，**ウ**は have been ～ in Canada，**エ**は dishes decorated with flowers，**オ**は pictures of his friends。

全訳

ケビン：すべてがとてもおいしそうです！ ソウタ，これは何？
ソウタ：これはちらしずしだよ。
ケビン：ちらしずし？ それを以前に見たことがないよ。君はそれをよく食べるの？
ソウタ：うん。ぼくたちにいいことがあると，お母さんがたいていそれを作ってくれるんだ。
ケビン：おもしろいね！ 食べてもいい？
ソウタの母：もちろん。試してみて。
ケビン：ああ，本当においしい！ ぼくは日本の食べ物が本当に好きなんだ。
ソウタ：どんな日本の食べ物が好きなの？
ケビン：すしがいちばん好きだね。ぼくはときどき家族とカナダのすしレストランに行くよ。
ソウタ：カナダでは日本の食べ物は人気があるの？
ケビン：そうだよ。ぼくの市にはたくさんの日本食レストランがあるんだ。
ソウタ：どうしてカナダの人たちは日本の食べ物がそんなに好きなの？
ケビン：ええと。カナダの人たちは日本の食べ物は体にいいと考えているんだ。日本の料理にはたくさんの種類の食物が使われているから，バランスがとれているんだ。
ソウタの母：それは日本の食べ物のいい点の１つね。そして，日本の食べ物にはもう１ついい点があるよ。伝統的な日本の料理の中には，美しく見えるものもあるから，私たちはそれらを目で楽しむことができるの。
ソウタ：ぼくもそう思う。家族と京都に行ったとき，とても美しい日本の料理を楽しんだよ。それらのいくつかは，花で飾られていたよ。それらはとてもきれいでぼくは写真をたくさん撮ったんだ。これがその写真の何枚かだよ。

---

2 ウ

解説

質問は，「ジュンコの兄は計画について何と言いましたか」。
ア 「計画を立てることは柔軟であることよりも重要だと彼は言った」
イ 「ルーシーは新しい計画に食べ物の複製（食品サンプル）の店を入れなければならないと彼は言った」

ウ 「彼女はいつも計画に従う必要はないと彼は言った」
エ 「彼女はヤスコと新しい計画を立てなければならないと彼は言った」
選択肢の中にキーワードを見つける。**ア**は making a ～ being flexible，**イ**は Lucy had ～ new schedule，**ウ**は didn't have ～ the time，**エ**は had to ～ with Yasuko。

全訳

ジュンコが家に帰ったあと，彼女は兄のカズオにその訪問について話しました。彼は「君は最初その店に行きたくなかった，けれども行った。どうして？」と言いました。「私はルーシーにその店を訪問して楽しんでもらいたいと思ったの」と彼女は答えました。彼は「計画は大切だけど，柔軟であることも大切だよ。常に計画通りに進める必要はないんだ」と言いました。

---

3 many interesting things

解説

one of them は，「それらの中の１つ」という意味で，「それら」が何を指しているかについて考える。直前の文に，I found many interesting things.「私はたくさんのおもしろいことを見つけました」とある。それらの中の１つについて話をしようとしているという流れから，３語で抜き出せとの条件に従い，**many interesting things** を答える。

全訳

私は和紙に興味を持ったので，和紙についての本を何冊か読みました。私はたくさんのおもしろいことを見つけました。それらの中の１つについてあなた方にお話しします。和紙は衣服を作るのに使われています。私はこのことを知って驚きました。和紙で作られた衣服には多くの利点があるのです。

---

8 英作文

1 (1) 例 Will you lend me your book?
(2) 例 Which do you like better?

解説

(1) ④でベイカー先生が本を差し出しているから，**「本を貸していただけますか」「本を見せていただけますか」**という表現が適当。

全訳

①ベイカー先生。
②はい。

③あなたの本を貸していただけますか。
④もちろん。はいどうぞ。

(2) ④で外国の女性が「小さいほうを買います」と言っているので，扇子を持った女性は「**どちらがいいですか**」「**どちらがお好みですか**」などと尋ねたことが推測できる。

全訳
①私は日本の扇子を探しています。
②2つのサイズがございます。
③どちらがより好きですか。
④小さいほうを買います。

2
③ 例 Where did you go in Tokyo / What did you do there
⑦ 例 I'll drink it tonight / I have never had it
⑧ 例 Can I borrow the book you bought in Tokyo / Will you tell me about it

解説
③ 直後にI went to a space museum.と，行き先を答えているため，Whereを用いてWhere did you go in Tokyo?とする。「東京の」どこに行ったのかをたずねたいので，in Tokyoを忘れずにつけること。また，達也の発言は「何をしたのか」に対する答えとも解釈できるため，What did you do there?でもよい。
⑦ 達也のお土産のお茶をもらったジョージが示すであろう反応を考える。
⑧ ジョージは空欄の直前で，I became interested in space too.と言っているので，それにつながる疑問文を考える。

全訳
① 君の週末はどうだった？
② 家族といっしょに東京に行ったよ。そこで楽しい時間を過ごしたよ。
③ （東京のどこに行ったの？／そこで何をしたの？）
④ ぼくは宇宙博物館に行ったよ。ぼくはそこで多くのことを学んで，宇宙についての本を1冊買ったよ。
⑤ それはいいね。
⑥ これは君へのプレゼントだよ。「宇宙茶」だ。
⑦ おお，「宇宙茶」。（それを今夜飲んでみるよ。／ぼくはそれを一度も飲んだことがないんだ。）ありがとう。
翌日
⑧ やあ，タツヤ！「宇宙茶」おいしかったよ。ぼくも宇宙に興味がわいた。（君が東京で買った本を借りてもいいかい？／それについて，ぼくに話してくれるかい？）。

---

⑨ もちろん。

3
① 例 agree
② 例 we don't have many chances to use English in Japan
③ 例 we can also learn its culture in a foreign country

解説
①は賛成か反対かを答えるので，**I agree [don't agree [disagree]].** が入る。②と③では，①の理由を書く。先に②と③を考え，それを英語で書けるかどうか確認してから①を書く，という方法もある。解答例を入れた日本語訳は以下のとおり。
「私は賛成です。理由は2つあります。
第1に，私たちは日本では英語を使う機会があまり多くありません。
第2に，私たちは外国で，その文化も学ぶことができます。」

---

4 (1) **エアウオイ** (2) **エアウカオイ**

解説
(1) 語群の中にisとspokenがあることから，**受け身**の文だと考える。〈疑問詞＋名詞〉が主語の疑問文になる。

全訳
A：あなたの国では何語が話されていますか。
B：英語とフランス語です。

(2) 語群の中にso（good）とthatがあることから，「とても…なので〜」の〈**so ... that 〜**〉の文になる。

全訳
それらはとてもおいしかったので，私はそれらをたくさん食べました。

9 リスニング

1 (1) イ (2) エ

解説

(1) 「彼は神田町駅で何をするでしょうか。」
  ア 「彼は中央線に乗るでしょう。」
  イ 「彼は電車を乗り換えるでしょう。」
  ウ 「彼は国際センターに行くでしょう。」
  エ 「彼はバスに乗るでしょう。」
  質問に注目。**B**の発言から、神田町ですることは、国際センター行きの電車に**乗り換える**ことだとわかる。

(2) 「マキコは何をしたいと思っていますか。」
  ア 「彼女はお母さんに電話をしたいと思っています。」
  イ 「彼女はナオミにもう一度電話をしたいと思っています。」
  ウ 「彼女はナオミに伝言を残してほしいと思っています。」
  エ 「彼女はナオミに折り返し電話をしてもらいたいと思っています。」
  マキコが伝言をお願いした内容は、**B**の2つ目の発言にある。午後7時以降に、ナオミに**折り返し電話をしてもらいたい**と言っている。

放送文と日本語訳

(1) A : Excuse me. How can I get to Akebono-cho Station?
  B : Take the Chuo Line and change trains at Kanda-cho Station. Then, take the Tozai Line for Kokusai Center. Akebono-cho is the fifth stop from Kanda-cho.
  A : I see. Thank you.
  A : すみません。曙町駅へはどのようにしたら行けますか。
  B : 中央線に乗って、神田町駅で乗り換えてください。そして、国際センター行きの東西線に乗ってください。曙町は神田町から5つ目の駅です。
  A : わかりました。ありがとうございます。

(2) A : Hello?
  B : Hello, this is Makiko speaking. May I speak to Naomi, please?
  A : Sorry, she's out now. Can I take a message?
  B : Yes. Could you ask her to call me back after 7 p.m.?
  A : Sure. I'll tell her. Bye, Makiko.
  A : もしもし。
  B : もしもし、マキコです。ナオミさんをお願いできますか。
  A : すみません、彼女は今、外出しています。伝言を預かりましょうか。

B : はい。午後7時以降に私に折り返し電話をするように伝えてもらえますか。
A : わかりました。伝えておきます。さようなら、マキコ。

2 (1) イ (2) ア (3) エ

解説

質問文の聞き取りに集中すること。

(1) ア 「お祭りの人たち。」
  イ 「ニュージーランドの伝統的な踊り。」
  ウ 「日本の伝統的な踊り。」
  エ 「ほかの国の人たち。」
  デイビッドの滞在中に太一が見たものは、放送文第2段落にある。

(2) ア 「10年間。」
  イ 「5年の間に。」
  ウ 「10年後。」
  エ 「1か月間。」
  デイビッドは5歳で踊り始め、現在15歳なので、**10年間**踊っていることになる。

(3) ア 「彼はほかの国の文化を学ぶために外国に行きたいと思っています。」
  イ 「彼は自分の踊りを通じて、日本文化について外国の人たちに伝えたいと思っています。」
  ウ 「彼は自分の国の伝統的なスポーツを学ぶために外国に行きたいと思っています。」
  エ 「彼は自分のスポーツを使って、人々に日本の文化について伝えるために、外国に行きたいと思っています。」
  太一が将来したいことは、放送文の**最後**にある。
  it は *kendo* を指す。

放送文と日本語訳

Last month, a boy from New Zealand stayed at my house for a week. His name is David. He is fifteen years old and a member of the New Zealand traditional dance team.

During his stay, David danced at the festival in my town. I was surprised to see his dance because it was very exciting. At my house, David and I talked about the dance. David started dancing when he was five years old. He learned a lot about the culture and the history of New Zealand through dancing. David asked me many questions about Japanese culture, but I couldn't answer some of them.

After talking with David, I thought how I should learn more about my country. I found that one of the best ways is to do a traditional Japanese sport. So, I started *kendo* this month. In the future, I'd like to go to foreign countries to tell people about Japanese culture through it.

Questions

(1) What was Taichi surprised to see during David's stay?

(2) How long has David danced his country's traditional dance?

(3) What does Taichi want to do in the future?

先月，ニュージーランド出身の1人の少年が私の家に1週間滞在しました。彼の名前はデイビッドです。彼は15歳で，ニュージーランドの伝統的なダンスチームのメンバーです。

彼が滞在している間，デイビッドは私の町のお祭りで踊りました。彼の踊りがとてもわくわくするものだったので，それを見て私は驚きました。私の家で，デイビッドと私はその踊りについて話しました。デイビッドは5歳のときに踊り始めました。彼は踊りを通じてニュージーランドの文化と歴史について多くを学びました。デイビッドは私に日本の文化についてたくさん質問しましたが，私はそれらのいくつかには答えることができませんでした。

デイビッドと話したあと，私はどのようにして自分の国についてもっと学ぶべきか考えました。最もよい方法の1つは，伝統的な日本のスポーツをすることだとわかりました。したがって，私は今月剣道を始めました。将来私は外国に行って，それを通じて日本の文化について人々に伝えたいと思います。

質問

(1) デイビッドの滞在中，太一は何を見て驚きましたか。

(2) デイビッドは自分の国の伝統的な踊りをどれくらいの間踊っていますか。

(3) 太一は将来，何をしたいと思っていますか。

---

3 (1) イ (2) エ

解説

(1) 「色は黒と白」「飛べないが泳げる」から，**ペンギン**を選ぶ。

(2) メグミの予定が問われるので，彼女の発言に集中。**最初の発言に，次の日曜日の予定がある。**

放送文と日本語訳

(1)　James : Look at these pictures, Mary. I'll give you a quiz.

　　Mary : OK, James.

　　James : Its color is black and white.

　　Mary : Can it fly?

　　James : No, it can't. But it can swim.

　　Question : Which picture is James talking about?

(2)　John : Hello, Megumi. What will you do this Sunday?

　Megumi : I will go to the river to draw pictures.

　　John : That sounds fun! Have a nice weekend.

　Megumi : Thank you.

(1)　ジェームズ：これらの絵を見て，メアリー。クイズを出すよ。

　メアリー：いいわよ，ジェームズ。

　ジェームズ：それの色は黒と白だよ。

　メアリー：それは飛べる？

　ジェームズ：いいや，飛べない。でも泳げるよ。

　　質問：ジェームズが話しているのはどの絵についてですか。

(2)　ジョン：やあ，メグミ。次の日曜日は何をするつもりなの？

　メグミ：絵を描きに川へ行くつもりだよ。

　ジョン：楽しそうだね！ よい週末を。

　メグミ：ありがとう。

---

4 (1) ウ (2) エ (3) イ

解説

(1) ア 「私もです。」

　　イ 「まあまあです。」

　　ウ 「ありがとう。」

　　エ 「残念です。」

「はい，どうぞ」と好きなものを差し出されたので，それに対する適当な返答は選択肢の中では**「ありがとう」**。

(2) ア 「どうしましたか。」

　　イ 「どういたしまして。」

　　ウ 「お元気ですか。」

　　エ 「あなたも。」

「よい週末を」に対しては**「あなたも」**と返す。

(3) ア 「15分間です。」
　　イ 「ぼくは歩いてきたよ。」
　　ウ 「しなければならなかったからです。」
　　エ 「私は元気です。」
　　学校に来た手段を尋(たず)ねられているので，「**歩い
　　てきた**」が適当。

放送文と日本語訳
(1)　　Man : Do you like chocolate?
　Woman : Of course!
　　　Man : Here you are.
　男性：チョコレートは好き？
　女性：もちろん！
　男性：はい，どうぞ。

(2)　　Man : Whew! We've finished all our classes!
　Woman : Yes, it was a long week.
　　　Man : Have a nice weekend.
　男性：ふう！　すべての授業が終わったね！
　女性：ええ，長い1週間だったね。
　男性：よい週末を。

(3)　Woman : You look so tired.
　　　Man : Yes, I couldn't ride my bike because it
　　　　　　was broken.
　Woman : Well, how did you come to school
　　　　　today?
　女性：とても疲れているみたいだね。
　男性：うん，自転車が壊(こわ)れてしまって乗れなかった
　　　　んだ。
　女性：ええと，今日はどうやって学校に来たの？

I 数の計算

1
(1) -14　　(2) -5　　(3) 8
(4) $-\dfrac{7}{15}$　　(5) 6　　(6) -3

解説
(1) $-5+(-9)=-(5+9)=-14$
(2) $-16+11=-(16-11)=-5$
(3) $3-(-5)=3+5=8$
(4) $\dfrac{1}{5}-\dfrac{2}{3}=\dfrac{3}{15}-\dfrac{10}{15}=-\dfrac{7}{15}$
(5) $-3-(-8)+1=-3+8+1=6$
(6) $4-2+(-5)=4-2-5=-3$

2
(1) -42　　(2) $-\dfrac{9}{2}$　　(3) 7
(4) $-\dfrac{2}{3}$　　(5) 36　　(6) $\dfrac{4}{9}$
(7) 14　　(8) 2

解説
(1) $6\times(-7)=-(6\times7)=-42$
(2) $12\times\left(-\dfrac{3}{8}\right)=3\times\left(-\dfrac{3}{2}\right)=-\dfrac{9}{2}$
(3) $(-56)\div(-8)=+(56\div8)=7$
(4) $\dfrac{4}{5}\div\left(-\dfrac{6}{5}\right)=\dfrac{4}{5}\times\left(-\dfrac{5}{6}\right)=-\dfrac{2}{3}$
(5) $4\times(-3)^2=4\times9=36$
(6) $\left(-\dfrac{2}{3}\right)^2=\left(-\dfrac{2}{3}\right)\times\left(-\dfrac{2}{3}\right)=\dfrac{4}{9}$
(7) $(-7)\div(-5)\times10=+\left(7\times\dfrac{1}{5}\times10\right)=14$
(8) $(-4)\times(-5)+2\times(-3^2)=20+2\times(-9)$
$\qquad\qquad\qquad\qquad\qquad=20-18=2$

3
(1) $\dfrac{x}{4}$ 時間　　(2) $a=2b+3$
(3) $0.8a+3b<1000$

解説
(1) （時間）＝（道のり）÷（速さ）の式にあてはめる。
(2) （わられる数）＝（わる数）×（商）＋（余り）の式にあてはめる。
(3) 1 個 a 円のすいかから 2 割引いたときの価格は，$a\times(1-0.2)=0.8a$（円）。すいか 1 個と b 円のトマト 3 個の代金の合計は，$0.8a+3b$（円）。こ

の代金が1000円より安かったことから，
$0.8a+3b<1000$

4
例 3 でわって 1 余る数と 3 でわって 2 余る数の和は，
$(3m+1)+(3n+2)=3m+3n+3$
$\qquad\qquad\qquad\qquad=3(m+n+1)$
$m+n+1$ は整数だから，$3(m+n+1)$ は 3 の倍数である。

解説
ある整数が 3 の倍数であることを示すには，**3×（整数）**の形の式を導けばよい。

5
$20n+5(\text{cm}^2)$

解説
正方形の枚数が 2 枚のとき，$5\times10-5\times1(\text{cm}^2)$。3 枚のとき，$5\times15-5\times2(\text{cm}^2)$。4 枚のとき，$5\times20-5\times3(\text{cm}^2)$。規則性を考えると，$n$ 枚のとき，$5\times5n-5\times(n-1)=20n+5(\text{cm}^2)$

2 平方根・式の計算

1
(1) $9\sqrt{3}$　　(2) $-\sqrt{2}$
(3) $5\sqrt{3}$　　(4) $4\sqrt{2}$

解説
(1) $6\sqrt{3}+\sqrt{27}=6\sqrt{3}+3\sqrt{3}=9\sqrt{3}$
(2) $\sqrt{50}-\sqrt{72}=5\sqrt{2}-6\sqrt{2}=-\sqrt{2}$
(3) $\sqrt{12}+\sqrt{48}-\sqrt{3}=2\sqrt{3}+4\sqrt{3}-\sqrt{3}=5\sqrt{3}$
(4) $3\sqrt{8}-\sqrt{50}+\sqrt{18}=3\times2\sqrt{2}-5\sqrt{2}+3\sqrt{2}$
$\qquad\qquad\qquad=6\sqrt{2}-5\sqrt{2}+3\sqrt{2}=4\sqrt{2}$

2
(1) $9\sqrt{3}$　　(2) $9\sqrt{10}$　　(3) $3\sqrt{6}$
(4) $2\sqrt{5}$　　(5) $\dfrac{9\sqrt{7}}{7}$　　(6) $3\sqrt{3}$

解説
(1) $\dfrac{15}{\sqrt{3}}+\sqrt{48}=\dfrac{15\times\sqrt{3}}{\sqrt{3}\times\sqrt{3}}+4\sqrt{3}=\dfrac{15\sqrt{3}}{3}+4\sqrt{3}$
$\qquad\qquad\qquad=5\sqrt{3}+4\sqrt{3}=9\sqrt{3}$
(2) $\sqrt{90}+\dfrac{60}{\sqrt{10}}=3\sqrt{10}+\dfrac{60\times\sqrt{10}}{\sqrt{10}\times\sqrt{10}}$
$\qquad\qquad\qquad=3\sqrt{10}+\dfrac{60\sqrt{10}}{10}$
$\qquad\qquad\qquad=3\sqrt{10}+6\sqrt{10}=9\sqrt{10}$

(3) $\dfrac{30}{\sqrt{6}}-\sqrt{24}=\dfrac{30\times\sqrt{6}}{\sqrt{6}\times\sqrt{6}}-2\sqrt{6}=\dfrac{30\sqrt{6}}{6}-2\sqrt{6}$

$\qquad\qquad\qquad =5\sqrt{6}-2\sqrt{6}=3\sqrt{6}$

(4) $\sqrt{45}-\dfrac{5}{\sqrt{5}}=3\sqrt{5}-\dfrac{\sqrt{5}\times\sqrt{5}}{\sqrt{5}}$

$\qquad\qquad\quad =3\sqrt{5}-\sqrt{5}=2\sqrt{5}$

(5) $\sqrt{63}+\dfrac{2}{\sqrt{7}}-\sqrt{28}=3\sqrt{7}+\dfrac{2\times\sqrt{7}}{\sqrt{7}\times\sqrt{7}}-2\sqrt{7}$

$\qquad\qquad\qquad =3\sqrt{7}+\dfrac{2\sqrt{7}}{7}-2\sqrt{7}=\dfrac{9\sqrt{7}}{7}$

(6) $\dfrac{\sqrt{75}}{3}+\sqrt{\dfrac{16}{3}}=\dfrac{5\sqrt{3}}{3}+\dfrac{4}{\sqrt{3}}=\dfrac{5\sqrt{3}}{3}+\dfrac{4\times\sqrt{3}}{\sqrt{3}\times\sqrt{3}}$

$\qquad\qquad\qquad =\dfrac{5\sqrt{3}}{3}+\dfrac{4\sqrt{3}}{3}$

$\qquad\qquad\qquad =\dfrac{9\sqrt{3}}{3}=3\sqrt{3}$

3　**(1)** $-2\sqrt{2}$　　**(2)** $5\sqrt{3}$
　　(3) $3\sqrt{2}$　　**(4)** $9\sqrt{2}$

解説

(1) $\sqrt{48}\div\sqrt{2}\div(-\sqrt{3})=-\dfrac{\sqrt{48}}{\sqrt{2}\times\sqrt{3}}=-\dfrac{\sqrt{48}}{\sqrt{6}}$

$\qquad\qquad\qquad =-\sqrt{8}=-2\sqrt{2}$

(2) $\sqrt{60}\div\sqrt{5}+\sqrt{27}=\dfrac{\sqrt{60}}{\sqrt{5}}+3\sqrt{3}=\sqrt{12}+3\sqrt{3}$

$\qquad\qquad\qquad =2\sqrt{3}+3\sqrt{3}=5\sqrt{3}$

(3) $\sqrt{5}\times\sqrt{10}-\sqrt{8}=\sqrt{5}\times\sqrt{5\times2}-2\sqrt{2}$

$\qquad\qquad\qquad =5\sqrt{2}-2\sqrt{2}=3\sqrt{2}$

(4) $\dfrac{12}{\sqrt{2}}+\sqrt{6}\times\sqrt{3}=\dfrac{12\times\sqrt{2}}{\sqrt{2}\times\sqrt{2}}+\sqrt{2\times3}\times\sqrt{3}$

$\qquad\qquad\qquad =\dfrac{12\sqrt{2}}{2}+3\sqrt{2}$

$\qquad\qquad\qquad =6\sqrt{2}+3\sqrt{2}=9\sqrt{2}$

4　**(1)** $40x^2y^3$　**(2)** $8a^2b$　**(3)** $-5b$

　　(4) $16a$　　**(5)** $-6xy^2$　**(6)** $-\dfrac{2}{3}x$

　　(7) -4　　**(8)** $2a^2b$

解説

(1) $5xy^2\times8xy=5\times8\times xy^2\times xy=40x^2y^3$

(2) $12ab\times\dfrac{2}{3}a=12\times\dfrac{2}{3}\times ab\times a=8a^2b$

(3) $10ab\div(-2a)=-\dfrac{10ab}{2a}=-5b$

(4) $12ab\div\dfrac{3}{4}b=12ab\times\dfrac{4}{3b}=\dfrac{12ab\times4}{3b}=16a$

(5) $18x^2y\div6x\times(-2y)=-\dfrac{18x^2y\times2y}{6x}=-6xy^2$

(6) $6x^4\div(-3x^2)\div3x=-\dfrac{6x^4}{3x^2\times3x}=-\dfrac{2}{3}x$

(7) $12a^2b^2\div(-6ab)\div\dfrac{1}{2}ab$

$\quad =12a^2b^2\times\left(-\dfrac{1}{6ab}\right)\times\dfrac{2}{ab}=-\dfrac{12a^2b^2\times2}{6ab\times ab}=-4$

(8) $6ab\times(-3ab)^2\div27ab^2=6ab\times9a^2b^2\times\dfrac{1}{27ab^2}$

$\qquad\qquad\qquad =\dfrac{6ab\times9a^2b^2}{27ab^2}=2a^2b$

5　**(1)** $\dfrac{5}{12}a$　　**(2)** $8x-5y$
　　(3) $10x+y$　　**(4)** $a+b$

解説

(1) $\dfrac{1}{4}a-\dfrac{5}{6}a+a=\dfrac{3}{12}a-\dfrac{10}{12}a+\dfrac{12}{12}a=\dfrac{5}{12}a$

(2) $3x-9y+5x+4y=3x+5x-9y+4y=8x-5y$

(3) $2(3x+y)+(4x-y)=6x+2y+4x-y=10x+y$

(4) $5(a-b)-2(2a-3b)=5a-5b-4a+6b=a+b$

6　**(1)** $\dfrac{7x-4}{6}$　　**(2)** $\dfrac{9x-4y}{5}$
　　(3) $\dfrac{1}{3}a+2b$　　**(4)** $\dfrac{2x-13y}{21}$

解説

(1) $\dfrac{x-2}{2}+\dfrac{2x+1}{3}=\dfrac{3(x-2)}{6}+\dfrac{2(2x+1)}{6}$

$\qquad\qquad\qquad =\dfrac{3(x-2)+2(2x+1)}{6}$

$\qquad\qquad\qquad =\dfrac{3x-6+4x+2}{6}=\dfrac{7x-4}{6}$

(2) $2x-y-\dfrac{x-y}{5}=\dfrac{5(2x-y)}{5}-\dfrac{x-y}{5}$

$\qquad\qquad\qquad =\dfrac{10x-5y-x+y}{5}=\dfrac{9x-4y}{5}$

(3) $\dfrac{2}{3}(5a-3b)-3a+4b=\dfrac{10}{3}a-2b-3a+4b$

$=\dfrac{10}{3}a-\dfrac{9}{3}a-2b+4b=\dfrac{1}{3}a+2b$

(4) $\dfrac{3x-2y}{7}-\dfrac{x+y}{3}=\dfrac{3(3x-2y)}{21}-\dfrac{7(x+y)}{21}$

$\qquad\qquad\qquad =\dfrac{9x-6y-7x-7y}{21}=\dfrac{2x-13y}{21}$

---

3 式の展開と因数分解

1　**(1)** $3a-2$　　**(2)** $x^2+8x+16$
　　(3) $x^2+5x-24$　　**(4)** $2x^2+3x-5$

解説

(1) $(9a^2-6a)\div 3a=(9a^2-6a)\times\dfrac{1}{3a}$

$\qquad\qquad =9a^2\times\dfrac{1}{3a}-6a\times\dfrac{1}{3a}=3a-2$

(2) $(x+4)^2=x^2+2\times 4\times x+4^2=x^2+8x+16$

(3) $(x-3)(x+8)=x^2+\{(-3)+8\}\times x+(-3)\times 8$

$\qquad\qquad =x^2+5x-24$

(4) $(2x+5)(x-1)$

$\quad =2x^2-2x+5x-5$

$\quad =2x^2+3x-5$

2	(1) $9x+29$	(2) $2xy+9y^2$
	(3) x^2+4x+3	

解説

(1) $(x+4)(x+5)-(x+3)(x-3)$

$\quad =x^2+9x+20-(x^2-9)=x^2+9x+20-x^2+9$

$\quad =9x+29$

(2) $x(x+2y)-(x+3y)(x-3y)$

$\quad =x^2+2xy-(x^2-9y^2)=x^2+2xy-x^2+9y^2$

$\quad =2xy+9y^2$

(3) $(x+3)^2-2(x+3)$

$\quad =x^2+6x+9-(2x+6)=x^2+6x+9-2x-6$

$\quad =x^2+4x+3$

3	(1) $23-4\sqrt{15}$	(2) 3	(3) $2\sqrt{3}$
	(4) 2	(5) $6+\sqrt{2}$	(6) $3+\sqrt{2}$

解説

(1) $(\sqrt{3}-2\sqrt{5})^2$

$\quad =(\sqrt{3})^2-2\times 2\sqrt{5}\times\sqrt{3}+(2\sqrt{5})^2$

$\quad =3-4\sqrt{15}+20=23-4\sqrt{15}$

(2) $(\sqrt{7}+2)(\sqrt{7}-2)=(\sqrt{7})^2-2^2=7-4=3$

(3) $(\sqrt{3}+1)(3-\sqrt{3})=3\sqrt{3}-3+3-\sqrt{3}=2\sqrt{3}$

(4) $(\sqrt{3}+1)^2-2(\sqrt{3}+1)$

$\quad =3+2\sqrt{3}+1-(2\sqrt{3}+2)$

$\quad =4+2\sqrt{3}-2\sqrt{3}-2=2$

(5) $(2+\sqrt{2})^2-\sqrt{18}=4+4\sqrt{2}+2-3\sqrt{2}=6+\sqrt{2}$

(6) $(1-\sqrt{2})^2+\dfrac{6}{\sqrt{2}}=1-2\sqrt{2}+2+\dfrac{6\times\sqrt{2}}{\sqrt{2}\times\sqrt{2}}$

$\quad =3-2\sqrt{2}+\dfrac{6\sqrt{2}}{2}=3-2\sqrt{2}+3\sqrt{2}=3+\sqrt{2}$

4	(1) $x(x-6)$	(2) $(x+4)(x-3)$
	(3) $(x-1)(x-8)$	(4) $(x+9)(x-3)$
	(5) $(x+4)(x+6)$	(6) $(a+2)(a-3)$
	(7) $(x+4)(x-4)$	(8) $(x+2y)(x-2y)$

解説

(1) $x^2=x\times x$, $6x=6\times x$ だから, 共通因数は x

　　よって, $x^2-6x=x(x-6)$

(2) たして 1, かけて -12 となる 2 つの数は,
　　4 と -3 だから, $x^2+x-12=(x+4)(x-3)$

(3) たして -9, かけて 8 となる 2 つの数は,
　　-1 と -8 だから, $x^2-9x+8=(x-1)(x-8)$

(4) たして 6, かけて -27 となる 2 つの数は,
　　9 と -3 だから, $x^2+6x-27=(x+9)(x-3)$

(5) たして 10, かけて 24 となる 2 つの数は,
　　4 と 6 だから, $x^2+10x+24=(x+4)(x+6)$

(6) たして -1, かけて -6 となる 2 つの数は,
　　2 と -3 だから, $a^2-a-6=(a+2)(a-3)$

(7) $x^2-16=x^2-4^2=(x+4)(x-4)$

(8) $x^2-4y^2=x^2-(2y)^2=(x+2y)(x-2y)$

5	(1) $(x+3)(x-3)$	(2) $(x+6)(x-1)$
	(3) $2(x+3)(x-3)$	(4) $2(x+1)(x-5)$
	(5) $a(x-3)(x-9)$	(6) $xy(x-1)$

解説

(1) $(x+3)(x-5)+2(x+3)=x^2-2x-15+2x+6$

$\quad =x^2-9=(x+3)(x-3)$

(2) $x+2=A$ とおくと,

$\quad (x+2)^2+(x+2)-12=A^2+A-12$

$\quad =(A+4)(A-3)=\{(x+2)+4\}\{(x+2)-3\}$

$\quad =(x+6)(x-1)$

(3) $2x^2-18=2(x^2-9)=2(x^2-3^2)=2(x+3)(x-3)$

(4) $2x^2-8x-10=2(x^2-4x-5)=2(x+1)(x-5)$

(5) $ax^2-12ax+27a=a(x^2-12x+27)$

$\quad =a(x-3)(x-9)$

(6) $x^2y-xy=xy(x-1)$

6	(1) 例 $x^2+x-20=(x-4)(x+5)$
	$\qquad\qquad\quad =(-16-4)\times(-16+5)$
	$\qquad\qquad\quad =-20\times(-11)=220$
	(2) 5 　(3) $6\sqrt{2}$

解説

(2) $x^2-2x+1=(x-1)^2=\{(\sqrt{5}+1)-1\}^2=(\sqrt{5})^2$

$\qquad\qquad\quad =5$

(3) $x^2y-xy^2=xy(x-y)$

$\quad =(\sqrt{5}+\sqrt{2})\times(\sqrt{5}-\sqrt{2})$

$\qquad\qquad\quad \times\{(\sqrt{5}+\sqrt{2})-(\sqrt{5}-\sqrt{2})\}$

$\quad =\{(\sqrt{5})^2-(\sqrt{2})^2\}\times(\sqrt{5}+\sqrt{2}-\sqrt{5}+\sqrt{2})$

$\quad =(5-2)\times 2\sqrt{2}=3\times 2\sqrt{2}=6\sqrt{2}$

4 方程式の解法

1
(1) $x=4\pm\sqrt{7}$ (2) $x=1\pm\sqrt{2}$
(3) $x=\dfrac{-1\pm\sqrt{37}}{2}$ (4) $x=4\pm\sqrt{23}$
(5) $x=\dfrac{5\pm\sqrt{13}}{6}$ (6) $x=\dfrac{1\pm\sqrt{17}}{4}$

解説

(1) $(x-4)^2=7$, $x-4=\pm\sqrt{7}$, $x=4\pm\sqrt{7}$
(2) $(x-1)^2-2=0$, $(x-1)^2=2$, $x-1=\pm\sqrt{2}$, $x=1\pm\sqrt{2}$
(3) $x=\dfrac{-1\pm\sqrt{1^2-4\times1\times(-9)}}{2\times1}=\dfrac{-1\pm\sqrt{37}}{2}$
(4) $x=\dfrac{-(-8)\pm\sqrt{(-8)^2-4\times1\times(-7)}}{2\times1}$
$=\dfrac{8\pm\sqrt{92}}{2}=\dfrac{8\pm2\sqrt{23}}{2}=4\pm\sqrt{23}$
(5) $x=\dfrac{-(-5)\pm\sqrt{(-5)^2-4\times3\times1}}{2\times3}=\dfrac{5\pm\sqrt{13}}{6}$
(6) $x=\dfrac{-(-1)\pm\sqrt{(-1)^2-4\times2\times(-2)}}{2\times2}$
$=\dfrac{1\pm\sqrt{17}}{4}$

2
(1) $x=-5,\ -7$ (2) $x=2,\ 3$
(3) $x=-8,\ 2$ (4) $x=-4,\ 5$
(5) $x=-3,\ 9$ (6) $x=-6,\ 3$

解説

(1) $x^2+12x+35=0$, $(x+5)(x+7)=0$, $x+5=0$
または, $x+7=0$。よって, $x=-5,\ -7$
(2) $x^2-5x+6=0$, $(x-2)(x-3)=0$, $x-2=0$
または, $x-3=0$。よって, $x=2,\ 3$
(3) $x^2+6x-16=0$, $(x+8)(x-2)=0$, $x+8=0$
または, $x-2=0$。よって, $x=-8,\ 2$
(4) $x^2-x-20=0$, $(x+4)(x-5)=0$, $x+4=0$
または, $x-5=0$。よって, $x=-4,\ 5$
(5) $x^2-6x-27=0$, $(x+3)(x-9)=0$, $x+3=0$
または, $x-9=0$。よって, $x=-3,\ 9$
(6) $x^2+3x-18=0$, $(x+6)(x-3)=0$, $x+6=0$
または, $x-3=0$。よって, $x=-6,\ 3$

3
(1) $x=-1\pm\sqrt{2}$ (2) $x=\dfrac{3\pm\sqrt{17}}{4}$
(3) $x=\dfrac{-5\pm\sqrt{33}}{2}$ (4) $x=-5,\ 2$
(5) $x=-8,\ 7$ (6) $x=\dfrac{-3\pm\sqrt{17}}{2}$

解説

(1) $x^2+2x=1$, $x^2+2x-1=0$
$x=\dfrac{-2\pm\sqrt{2^2-4\times1\times(-1)}}{2\times1}$
$=\dfrac{-2\pm\sqrt{8}}{2}=\dfrac{-2\pm2\sqrt{2}}{2}=-1\pm\sqrt{2}$
(2) $2x^2+x=4x+1$, $2x^2-3x-1=0$
$x=\dfrac{-(-3)\pm\sqrt{(-3)^2-4\times2\times(-1)}}{2\times2}$
$=\dfrac{3\pm\sqrt{17}}{4}$
(3) $x(x+5)-2=0$, $x^2+5x-2=0$
$x=\dfrac{-5\pm\sqrt{5^2-4\times1\times(-2)}}{2\times1}=\dfrac{-5\pm\sqrt{33}}{2}$
(4) $x(x+6)=3x+10$, $x^2+6x=3x+10$,
$x^2+3x-10=0$, $(x+5)(x-2)=0$
よって, $x=-5,\ 2$
(5) $(x-6)(x+6)=20-x$, $x^2-36=20-x$,
$x^2+x-56=0$, $(x+8)(x-7)=0$
よって, $x=-8,\ 7$
(6) $x(x+1)=2(1-x)$, $x^2+x=2-2x$,
$x^2+3x-2=0$
$x=\dfrac{-3\pm\sqrt{3^2-4\times1\times(-2)}}{2\times1}=\dfrac{-3\pm\sqrt{17}}{2}$

4
(1) $x=1,\ y=6$ (2) $x=-1,\ y=2$
(3) $x=5,\ y=-2$ (4) $x=2,\ y=6$
(5) $x=8,\ y=2$ (6) $x=-1,\ y=5$

解説

(1) $\begin{cases} x+y=7 & \cdots① \\ 3x-y=-3 & \cdots② \end{cases}$ とおく。
①+②より, $4x=4$, $x=1$
$x=1$を①に代入すると, $1+y=7$, $y=6$
(2) $\begin{cases} 2x-3y=-8 & \cdots① \\ x+2y=3 & \cdots② \end{cases}$ とおく。
①-②×2より, $-7y=-14$, $y=2$
$y=2$を②に代入すると, $x+4=3$, $x=-1$
(3) $\begin{cases} 2x-3y=16 & \cdots① \\ 4x+y=18 & \cdots② \end{cases}$ とおく。
①×2-②より, $-7y=14$, $y=-2$
$y=-2$を②に代入すると, $4x-2=18$,
$4x=20$, $x=5$
(4) $\begin{cases} 7x-y=8 & \cdots① \\ -9x+4y=6 & \cdots② \end{cases}$ とおく。
①×4+②より, $19x=38$, $x=2$
$x=2$を①に代入すると, $14-y=8$,
$-y=-6$, $y=6$

(5) $\begin{cases} 2x-5y=6\cdots① \\ x=3y+2 \ \cdots② \end{cases}$ とおく。

②を①に代入すると，

$2(3y+2)-5y=6, \ 6y+4-5y=6, \ y=2$

$y=2$ を②に代入すると，

$x=3\times2+2=8$

(6) $\begin{cases} y=3x+8 \ \ \cdots① \\ 4x+3y=11\cdots② \end{cases}$ とおく。

①を②に代入すると，

$4x+3(3x+8)=11, \ 4x+9x+24=11,$

$13x=-13, \ x=-1$

$x=-1$ を①に代入すると，$y=-3+8=5$

---

5 (1) $x=2, \ y=-3$ (2) $x=-\dfrac{1}{2}, \ y=\dfrac{2}{3}$

解説

(1) $5x+y=2x-y=7$ より，

$\begin{cases} 5x+y=7\cdots① \\ 2x-y=7\cdots② \end{cases}$ とおく。

①＋②より，$7x=14, \ x=2$

$x=2$ を①に代入すると，$10+y=7, \ y=-3$

(2) $6x-3y+7=4x+6y=2x+3$ より，

$\begin{cases} 6x-3y+7=2x+3 \\ 4x+6y=2x+3 \end{cases}$ を整理すると，

$\begin{cases} 4x-3y=-4\cdots① \\ 2x+6y=3 \ \ \cdots② \end{cases}$

①－②×2より，$-15y=-10, \ y=\dfrac{2}{3}$

$y=\dfrac{2}{3}$ を②に代入すると，$2x+4=3, \ 2x=-1,$

$x=-\dfrac{1}{2}$

---

6 (1) $x=7$ (2) $x=6$

解説

(1) $2x+8=5x-13, \ 2x-5x=-13-8,$

$-3x=-21, \ x=7$

(2) $5x=3(x+4), \ 5x=3x+12, \ 5x-3x=12,$

$2x=12, \ x=6$

---

7 (1) $x=\dfrac{3}{2}$ (2) $x=12$

解説

(1) $5:(9-x)=2:3, \ 5\times3=(9-x)\times2,$

$15=18-2x, \ 2x=18-15, \ 2x=3, \ x=\dfrac{3}{2}$

(2) $3:4=(x-6):8, \ 3\times8=4\times(x-6),$

$24=4x-24, \ -4x=-24-24, \ -4x=-48,$

$x=12$

5 方程式の利用

1 大人27人，子ども38人

解説

大人の人数を x 人，子どもの人数を y 人とすると，大人と子どもの入園者数の合計が65人であることより，$x+y=65$

大人と子どもの入園料の合計が14600円であることより，$400x+100y=14600$

よって，連立方程式は $\begin{cases} x+y=65 \ \ \ \ \ \ \ \ \ \ \cdots① \\ 400x+100y=14600\cdots② \end{cases}$

②÷100より，$4x+y=146\cdots③$

①－③より，$-3x=-81, \ x=27$

$x=27$ を①に代入すると，$27+y=65, \ y=38$

$x=27, \ y=38$ は問題にあっている。

よって，大人27人，子ども38人

2 32人

解説

男子の人数を x 人，女子の人数を y 人とすると，男子と女子の生徒数の合計が180人であることより，

$x+y=180$

自転車通学している男子生徒，女子生徒の人数は，それぞれ $\dfrac{16}{100}x$ 人，$\dfrac{20}{100}y$ 人で，男子と女子の人数が等しいことより，$\dfrac{16}{100}x=\dfrac{20}{100}y$

よって，連立方程式は $\begin{cases} x+y=180 \ \ \ \ \ \cdots① \\ \dfrac{16}{100}x=\dfrac{20}{100}y\cdots② \end{cases}$

②×100より，$16x=20y, \ y=\dfrac{4}{5}x\cdots③$

③を①に代入すると，$x+\dfrac{4}{5}x=180, \ 5x+4x=900,$

$9x=900, \ x=100$

$x=100$ を①に代入すると，$100+y=180, \ y=80$

よって，自転車で通学している生徒の人数は，

$\dfrac{16}{100}\times100+\dfrac{20}{100}\times80=16+16=32$（人）で，これは問題にあっている。

3 例 鉛筆 1 本の定価を x 円，ノート 1 冊の定価を y 円とすると，

$$\begin{cases} 6x+3y=840 & \cdots ① \\ \dfrac{8}{10}x×10+\dfrac{7}{10}y×5=10x+5y-340 & \cdots ② \end{cases}$$

②を整理すると，$4x+3y=680\cdots③$

①$-$③より，$2x=160$，$x=80$

$x=80$ を①に代入すると，$480+3y=840$，

$y=120$

$x=80$，$y=120$ は問題にあっている。

したがって，鉛筆 1 本の定価80円，ノート 1 冊の定価120円

4 14人

解説

生徒の人数を x 人とすると，りんごの個数は，8 個ずつ配ると 5 個不足することから，$8x-5$（個）

また，7 個ずつ配ると 9 個余ることから，$7x+9$（個）

上の 2 つの数量は等しいことから，

$8x-5=7x+9$，$x=14$

$x=14$ は問題にあっている。

よって，生徒の人数14人

5 31500円

解説

クラスの人数を x 人とすると，1 人700円ずつ集めたときのかかった費用は，$700x-500+7500$（円）

また，1 人200円ずつ追加したときのかかった費用は，$(700+200)x$（円）

$700x-500+7500=(700+200)x$，

$700x-900x=-7000$，$-200x=-7000$，$x=35$

かかった費用は $900×35=31500$（円）で，これは問題にあっている。

6 例 ライトの個数を x 個とすると，

$1.2x+4(x+1)=186$

これを整理すると，$1.2x+4x+4=186$，

$5.2x=182$，$52x=1820$，$x=35$

$x=35$ は問題にあっている。

よって，ライトの個数は35個

7 (1) 30800円　(2) $4x+240$（個）

(3) 90円

解説

(1) 1 個110円で売るとき，10円値下げすることに

なり，1 日に売れる個数は $4×10$（個）増えることになるから，$110×(240+40)=30800$（円）

(2) x 円値下げするとき，1 日に売れる個数は $4x$ 個増えることから，$4x+240$（個）

(3) x 円値下げするとき，(2)より，1 日に売れる個数は $4x+240$（個），そのとき 1 個の値段は $120-x$（円）で，1 日に売れる金額の合計は $(4x+240)(120-x)$（円）。この金額が120円で売ったときの 1 日で売れる金額の合計 $120×240$（円）よりも3600円多くなるから，方程式は，$(4x+240)(120-x)=120×240+3600$

これを整理すると，

$-4x^2+240x+240×120=120×240+3600$

$-4x^2+240x-3600=0$，$x^2-60x+900=0$，

$(x-30)^2=0$，$x=30$

1 個の値段は $120-30=90$（円）で，これは問題にあっている。

6 関数

1 (1) 記号…ウ　　式…$y=3x$

(2) $y=-2x$　(3) $y=-3x$

解説

(1) ア…$y=6x^2$ と表されるから，y は x の 2 乗に比例する。

イ…$y=\dfrac{700}{x}$ と表されるから，y は x に反比例する。

ウ…$y=3x$ と表されるから，y は x に比例する。

エ…$y=50+x(y=x+50)$ と表されるから，y は x の 1 次関数である。

(2) y は x に比例するから，求める式を $y=ax$ とおく。この式に $x=3$，$y=-6$ を代入すると，$-6=a×3$，$a=-2$。よって，$y=-2x$

(3) y は x に比例するから，求める式を $y=ax$ とおく。この式に $x=2$，$y=-6$ を代入すると，$-6=a×2$，$a=-3$。よって，$y=-3x$

2 (1) ア　(2) $y=-\dfrac{12}{x}$　(3) $\dfrac{3}{2}$

解説

(1) ア…$y=\dfrac{20}{x}$ と表されるから，y は x に反比例する。

イ…$y=150-x(y=-x+150)$ と表されるから，

y は x の 1 次関数である。

ウ…$y=120x$ と表されるから，y は x に比例する。

エ…$y=\dfrac{7}{10}x$ と表されるから，y は x に比例する。

(2) **y は x に反比例するから，求める式を $y=\dfrac{a}{x}$ とおく。** この式に $x=3$，$y=-4$ を代入すると，$-4=\dfrac{a}{3}$，$a=(-4)\times3=-12$。よって，$y=-\dfrac{12}{x}$

(3) **y は x に反比例するから，求める式を $y=\dfrac{a}{x}$ とおく。** この式に $x=-2$，$y=3$ を代入すると，$3=\dfrac{a}{-2}$，$a=3\times(-2)=-6$。よって，$y=-\dfrac{6}{x}$

この式に $x=-4$ を代入すると，$y=-\dfrac{6}{-4}=\dfrac{3}{2}$

---

3   (1) **18**   (2) **5**   (3) **$0\leqq y\leqq6$**
      (4) **$a=2$**

解説

(1) **y は x の 2 乗に比例するから，求める式を $y=ax^2$ とおく。** この式に $x=1$，$y=2$ を代入すると，$2=a\times1^2$，$a=2$。よって，$y=2x^2$
この式に $x=3$ を代入すると，$y=2\times3^2=18$

(2) $x=4$ のとき，$y=\dfrac{1}{2}\times4^2=8$

$x=6$ のとき，$y=\dfrac{1}{2}\times6^2=18$

x の増加量は，$6-4=2$

y の増加量は，$18-8=10$

よって，求める変化の割合は，$\dfrac{10}{2}=5$

(3) x の変域が $-1\leqq x\leqq2$ のときの $y=\dfrac{3}{2}x^2$ のグラフは右の図のようになる。

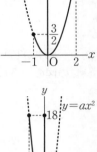

$x=0$ のとき最小値 0，
$x=2$ のとき最大値 6 であるから，y の変域は $0\leqq y\leqq6$

(4) $y=ax^2$ において，y の変域が $0\leqq y\leqq18$ で正であるから，$a>0$
グラフは右の図のようになり，$x=-3$ のとき $y=18$ となる。よって，$y=ax^2$ に $x=-3$，$y=18$ を代入すると，$18=a\times(-3)^2$，$a=2$

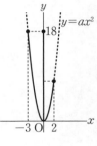

---

4   (1) **10**   (2) **$y=-\dfrac{1}{2}x+1$**

      (3) **$y=-3x-1$**   (4) **$y=\dfrac{3}{2}x+6$**

解説

(1) 表より，x が 1 増加すると，y は $4-1=3$ だけ増加するから，求める数は $7+3=10$

(2) **y は x の 1 次関数であるから，求める式を $y=ax+b$ とおくと，** x の増加量が 2 のときの y の増加量が -1 より，$a=-\dfrac{1}{2}$

$y=-\dfrac{1}{2}x+b$ に $x=0$，$y=1$ を代入すると，$b=1$

よって，$y=-\dfrac{1}{2}x+1$

(3) 求める直線の式を $y=ax+b$ とおくと，求める直線は $y=-3x+2$ に平行であるから，$a=-3$
$y=-3x+b$ に，$x=1$，$y=-4$ を代入すると，$-4=-3\times1+b$，$b=-1$ よって，$y=-3x-1$

(4) 求める直線の式を $y=ax+b$ とおくと，この直線は 2 点 $(-4,\ 0)$，$(0,\ 6)$ を通るから，
$a=\dfrac{6-0}{0-(-4)}=\dfrac{3}{2}$

$y=\dfrac{3}{2}x+b$ に，$x=0$，$y=6$ を代入すると，$b=6$

よって，$y=\dfrac{3}{2}x+6$

---

7   関数の利用

1   (1) **$y=6$**   (2) **$y=\dfrac{5}{2}x-\dfrac{5}{2}$**   (3) **ア**

解説

(1) 点 P が動き始めてから 3 秒後に，$AP=3\,cm$，$AM=\dfrac{1}{2}\times8=4\,(cm)$ だから，$y=\dfrac{1}{2}\times3\times4=6$

(2) 点 P が辺 BC 上を動くとき，$5\leqq x\leqq13$ で，y は台形 ABPM の面積を表し，$BP=(x-5)\,cm$，$AM=4\,cm$，$AB=5\,cm$ だから，
$y=\dfrac{1}{2}\times5\times\{4+(x-5)\}=\dfrac{5}{2}x-\dfrac{5}{2}$…①

(3) 点 P が辺 AB 上を動くとき，$0\leqq x\leqq5$ で，y は △APM の面積を表し，$AP=x\,cm$，$AM=4\,cm$ だから，$y=\dfrac{1}{2}\times x\times4=2x$…②

点 P が辺 CD 上を動くとき，$13\leqq x\leqq18$ で，y は五角形 ABCPM の面積を表し，

DP＝5－(x－5－8)＝－x＋18(cm)，
DM＝4cmだから，
y＝(長方形ABCD)－△DPM

$$=5×8－\frac{1}{2}×4×(18－x)＝2x＋4…③$$

直線②は原点，直線①，②は点(5，10)，直線①，③は点(13，30)，直線③は点(18，40)を通るから，正しいグラフは**ア**

2 (1)

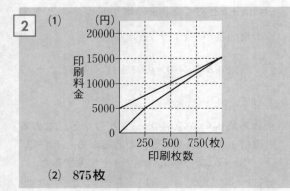

（円）
20000
印刷料金
15000
10000
5000
0
250　500　750（枚）
印刷枚数

(2) **875枚**

解説

(1) 印刷枚数を x 枚，そのときの印刷料金を y 円とすると，B社について，x と y の間の関係式は y＝10x＋5000…①だから，2点(0，5000)，(500，10000)を通る直線をかけばよい。

(2) A社について，x≧250 における x と y の間の関係式は
y＝250×20＋14×(x－250)＝14x＋1500…②
等しい印刷枚数は，直線①，②の交点の x 座標を求めればよい。①，②を連立方程式として解くと，10x＋5000＝14x＋1500，－4x＝－3500
x＝875。x＝875 は問題にあっている。
よって，印刷枚数は875枚。

3 (1) **6√2 cm**

(2) ① **y＝30**

② ア…**6**　　イ…**$\frac{1}{2}x^2$**　　ウ…**6x－18**

(3) 例 台形AQTDができるのは，0＜2t＜6より，0＜t＜3のときで，
QB＝RC＝2t cm，　TR＝RC＝2t cm，
AD＝6cm，　QT＝(12－2t) cm，
AQ＝(6－2t) cmだから，台形AQTDの面積についての方程式は，

$$\frac{1}{2}×\{6＋(12－2t)\}×(6－2t)＝24$$

整理すると，$t^2－12t＋15＝0$

解の公式より，$t＝\dfrac{12±2\sqrt{21}}{2}＝6±\sqrt{21}$

0＜t＜3 だから，$t＝6＋\sqrt{21}$ は問題にあっていない。$t＝6－\sqrt{21}$ は問題にあっている。よって，($6－\sqrt{21}$)秒後である。

解説

(1) 点Dから辺BCに垂線DEをひくと，△CDEは∠DCE＝∠CDE＝45°の直角二等辺三角形で，CE＝12－6＝6(cm)だから，
CD＝6×√2＝6√2 (cm)

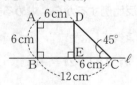

(2)① x＝8のとき，y は台形PQCDの面積を表し，
$$y＝\frac{1}{2}×(2＋8)×6＝30$$

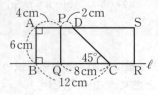

② 0≦x≦6のとき，y は直角二等辺三角形の面積を表し，$y＝\dfrac{1}{2}×x×x＝\dfrac{1}{2}x^2$

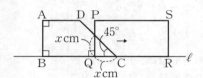

6≦x≦12のとき，y は台形PQCDの面積を表し，$y＝\dfrac{1}{2}×\{(x－6)＋x\}×6＝6x－18$

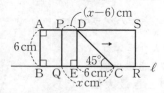

(3) 台形AQTDの辺の長さを t の式で表すと，次の図のようになる。

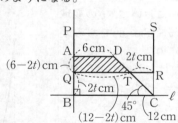

8 直線とグラフに関する問題

1

(1) $a=\dfrac{3}{4}$　　(2) $y=2x+4$　　(3) -2

(4) $(2,\ 3)$

解説

(1) 点A$(4,\ 12)$は関数$y=ax^2$のグラフ上の点であるから，$y=ax^2$に，$x=4$，$y=12$を代入すると，$12=a\times4^2$。よって，$a=\dfrac{3}{4}$

(2) 直線ABは2点$(0,\ 4)$，$(4,\ 12)$を通るから，その傾きは$\dfrac{12-4}{4-0}=2$
切片は4だから，直線ABの式は$y=2x+4$

(3) 点Bのx座標は，直線$y=2x+4$の式に$y=0$を代入すると，$0=2x+4$
よって，$x=-2$

(4) $\triangle\mathrm{ABO}=\dfrac{1}{2}\times\{0-(-2)\}\times12=12$
点Pの座標を$\left(p,\ \dfrac{3}{4}p^2\right)$ $(p>0)$とすると，
$\triangle\mathrm{PBQ}=\dfrac{1}{2}\times\{6-(-2)\}\times\dfrac{3}{4}p^2=3p^2$
$\triangle\mathrm{PBQ}=\triangle\mathrm{ABO}$だから，$3p^2=12$，$p^2=4$，
$p=\pm2$。$p>0$だから，$p=-2$は問題にあっていない。$p=2$は問題にあっている。
よって，P$(2,\ 3)$

2

(1) $0\leqq y\leqq\dfrac{9}{2}$　　(2) $a=-\dfrac{1}{4}$

解説

(1) xの変域が$-3\leqq x\leqq1$のときの$y=\dfrac{1}{2}x^2$のグラフは右の図のようになる。$x=0$のとき最小値0，$x=-3$のとき最大値$\dfrac{9}{2}$であるから，yの変域は，$0\leqq y\leqq\dfrac{9}{2}$

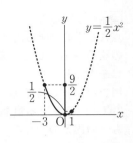

(2) 2点C，Dは関数$y=\dfrac{1}{2}x^2$のグラフ上の点で，x座標がそれぞれ-4，2であるから，C$(-4,\ 8)$，D$(2,\ 2)$となる。直線CDの傾きは$\dfrac{2-8}{2-(-4)}=-1$だから，直線CDの式を$y=-x+b$とおく。$x=2$，$y=2$を代入すると，

$2=-2+b$，$b=4$
よって，直線CDの式は$y=-x+4$
点Eの座標を$(a,\ -a+4)$とすると，直線AEが台形ABDCの面積を2等分するとき，
$\triangle\mathrm{ACE}=\dfrac{1}{2}\times(台形\mathrm{ABDC})$となる。
$\triangle\mathrm{ACE}=\dfrac{1}{2}\times8\times\{a-(-4)\}=4(a+4)$
$(台形\mathrm{ABDC})=\dfrac{1}{2}\times(2+8)\times\{2-(-4)\}=30$
よって，面積についての方程式は，
$4(a+4)=\dfrac{1}{2}\times30$，$a+4=\dfrac{15}{4}$，$a=-\dfrac{1}{4}$

3

(1) 4　　(2) $y=-x$

解説

(1) 四角形BDCAが平行四辺形となるとき，
AB$/\!/$CD，AB$=$CDとなるから，
CD$=$AB$=2-(-2)=4$

(2) $\triangle$BDCと$\triangle$DOCにおいて，共通な底辺をCDとみると，高さが等しいとき，2つの三角形の面積は等しくなる。点Bのy座標が4だから，$\triangle$BDC$=\triangle$DOCとなるとき，高さはどちらも$4\div2=2$となるから，点Dのy座標は2となる。
点Dは関数$y=\dfrac{1}{2}x^2$のグラフ上の点で，y座標が2となるから，$2=\dfrac{1}{2}x^2$を解くと，$x^2=4$，
点Dのx座標は負であるから，$x=-2$
直線ODは原点とD$(-2,\ 2)$を通り，その式は$y=-x$

4

(1) $a\cdots3$　　$b\cdots6$　　(2) $54\pi\,\mathrm{cm}^3$

解説

(1) 2点A$(1,\ 9)$，B$(-2,\ 0)$は直線$y=ax+b$上にあるから，$a=\dfrac{0-9}{-2-1}=3$，$y=3x+b$に$x=-2$，$y=0$を代入すると，$0=-6+b$，$b=6$

(2) 点Aからx軸にひいた垂線をACとすると，$\triangle$OABを，x軸を軸として1回転させてできる立体は，底面の半径がAC$=9\,\mathrm{cm}$，高さがBC$=1-(-2)=3\,(\mathrm{cm})$の円錐から，底面の半径がAC$=9\,\mathrm{cm}$，高さがOC$=1\,\mathrm{cm}$の円錐を取り除いてできる立体である。よって，求める体積は，$\dfrac{1}{3}\pi\times9^2\times3-\dfrac{1}{3}\pi\times9^2\times1=54\pi\,(\mathrm{cm}^3)$

5 **(5, 4)**

解説

A(0, 6)，B(−2, 2)で，
辺BCはx軸に平行だか
ら，C(0, 2)
よって，平行四辺形
ABCDの面積は，
$\{0−(−2)\}×(6−2)=8$
四角形ABCDは平行四
辺形だから，AD∥BC，AD=BCで，
BC=0−(−2)=2より，点Dの座標は(0+2, 6)，
すなわち，(2, 6)
点Eを通り，辺CDに平行な直線と辺BCの延長と
の交点をFとする。△DCEと△DCFにおいて，共
通な底辺をDCとみると，CD∥FEより，高さが等
しいから，△DCE=△DCFとなる。点Fの座標を
$(t, 2)$とすると，△DCF=$\frac{1}{2}×(t−0)×(6−2)=2t$
(平行四辺形ABCD)=△DCFだから，tについて
の方程式は，$2t=8$，$t=4$　　よって，F(4, 2)
直線EFと直線$y=x−1…①$の交点が点Eとなる。
直線CDの傾きは$\frac{6−2}{2−0}=2$だから，直線EFの式を
$y=2x+b$とすると，$x=4$，$y=2$を代入して，
$2=8+b$，$b=−6$より，$y=2x−6…②$
2直線①，②の交点Eのx座標は，$x−1=2x−6$を
解いて，$x=5$　　点Eのy座標は，$y=5−1=4$
よって，E(5, 4)

9 図形の基本性質

1 (1) **3本**　　(2) **$112\pi\,\mathrm{cm}^3$**

　　(3) **$r…2$**　体積$…\dfrac{16}{3}\pi\,\mathrm{cm}^3$**

解説

(1) 辺DEと交わる辺は，辺AD，辺BE，辺DF，
辺EF。辺DEと平行な辺は辺AB。これらを
除いた辺AC，辺BC，辺CFの3本の辺が辺
DEとねじれの位置にある辺である。

(2) 長方形ABCDと正方形BEFGを合わせた図形
を，直線GFを軸として1回転させてできる立
体は，底面の半径がEF=4cm，高さが
AE=4+4=8(cm)の円柱から，底面の半径が
CG=4÷2=2(cm)，高さがDC=4cmの円柱
を取り除いてできる立体である。

よって，求める体積は，
$\pi×4^2×8−\pi×2^2×4=112\pi\,(\mathrm{cm}^3)$

(3) 球の切断面における円周の長さについての方程
式は，$2\pi r=4\pi$，$r=2$
この半球の体積は，$\dfrac{4}{3}\pi×2^3×\dfrac{1}{2}=\dfrac{16}{3}\pi\,(\mathrm{cm}^3)$

2 (1) **$12\pi\,\mathrm{cm}^3$**　　(2) **ア**

解説

(1) $\dfrac{1}{3}\pi×3^2×4=12\pi\,(\mathrm{cm}^3)$

(2) この円錐の側面の展開図のおうぎ形の中心角を
$a°$とすると，$2\pi×3=2\pi×5×\dfrac{a}{360}$，$a=216$
中心角が180°より大きくなっているのは**ア**。

3 例

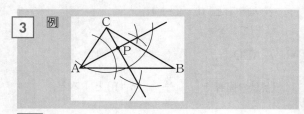

解説

∠CABの二等分線をかく。次に，点Cからこの直
線に垂線をひき，その交点をPとすればよい。

4 例

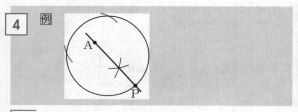

解説

点Aを中心とする円ともとの円
の交点をB，Cとする。点B，
Cを中心として，等しい半径の
円をかき，その交点をDとする。
2点A，Dを通る直線をかき，
もとの円との交点のうち，Aか
らの距離が長いほうの点をPとすればよい。

5 (1) **28°**　　(2) **115°**

　　(3)

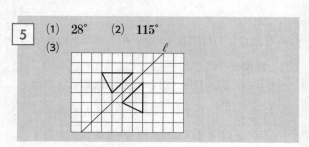

解説

(1) 平行線の同位角は等し
　いから，角の大きさの
　関係は，右の図のよう
　になる。三角形の内角
　と外角の関係より，
　∠x=138°−110°=28°

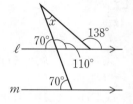

(2) 五角形の外角の和は360°
　だから，
　(180°−∠x)+80°+60°
　　+70°+85°=360°
　180°−∠x=65°
　よって，
　∠x=180°−65°=115°

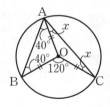

(3) 三角形の各頂点に対応する点を，対称の軸ℓか
　らの距離が等しくなるようにとり，それらを線
　分で結ぶ。

10 円・三角形・四角形

1 　(1) **20°** 　(2) **100°** 　(3) **66°**

解説

(1) 点Aと点Oを結ぶ。円Oの
　半径だから，
　OA=OB=OC
　よって，△OAB，△OAC
　はともに二等辺三角形とな
　り，∠OAB=∠OBA=40°，
　∠OAC=∠OCA=∠x
　$\overparen{BC}$に対する円周角と中心角の関係より，
　(40°+∠x)×2=120°
　80°+2×∠x=120°，2×∠x=40°
　よって，∠x=20°

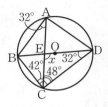

(2) ACとBDの交点をEとす
　る。BDは円Oの直径だか
　ら，∠BCD=90°
　よって，
　∠ACD=∠BCD−∠BCA
　　　　=90°−42°=48°
　$\overparen{BC}$に対する円周角は等しいから，
　∠BDC=∠BAC=32°
　△CDEの内角の和は180°だから，
　∠x=180°−(48°+32°)=100°

(3) 点Cと点Oを結ぶ。円Oの半
　径だから，
　OB=OCで，△OBCは二等
　辺三角形より，
　∠OCB=∠OBC=46°
　△OBCの内角の和は180°だ
　から，
　∠BOC=180°−(46°+46°)=88°

　$\overparen{BC}$に対する中心角と円周角の関係より，
　∠BAC=88°×$\frac{1}{2}$=44°
　△ABCはAB=ACの二等辺三角形だから，
　∠ACB=∠ABC=(180°−44°)÷2=68°
　△BDCの内角の和は180°だから，
　∠BDC=180°−(46°+68°)=66°

2 　(1) **4cm** 　(2) **$\frac{1}{9}$倍**

解説

(1) CD：DE=3：2だから，CD=3$a$cm，
　DE=2$a$cmとおくと，
　DA=CA−CD=6−3a(cm)
　四角形CDEFは長方形より，DE∥CFだから，
　DE：CB=DA：CA
　2a：8=(6−3a)：6　　2a×6=8×(6−3a)
　12a=48−24a，36a=48，a=$\frac{4}{3}$
　よって，FE=CD=3×$\frac{4}{3}$=4(cm)

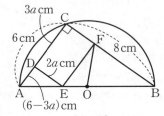

(2) △ABCにおいて，三平方の定理より，
　AB²=6²+8²=100
　AB>0より，AB=10cm
　(1)より，DE=2×$\frac{4}{3}$=$\frac{8}{3}$(cm)
　また，DA=CA−CD=6−4=2(cm)
　△ADEにおいて，三平方の定理より，
　AE²=2²+$\left(\frac{8}{3}\right)^2$=4+$\frac{64}{9}$=$\frac{100}{9}$
　AE>0より，AE=$\sqrt{\frac{100}{9}}$=$\frac{10}{3}$(cm)
　点Oは半円の中心だから，
　AO=BO=10÷2=5(cm)

25

よって，EO＝AO－AE＝$5-\dfrac{10}{3}=\dfrac{5}{3}$(cm)

CA∥FEだから，FB：CB＝EF：AC

FB：8＝4：6，FB×6＝8×4，

FB＝$\dfrac{32}{6}=\dfrac{16}{3}$(cm)

△FEBは∠EFB＝90°の直角三角形だから，

△FEB＝$\dfrac{1}{2}×4×\dfrac{16}{3}=\dfrac{32}{3}$(cm²)

EO：OB＝$\dfrac{5}{3}$：5＝1：3だから，

△FEO＝△FEB×$\dfrac{1}{1+3}=\dfrac{32}{3}×\dfrac{1}{4}=\dfrac{8}{3}$(cm²)

△ABC＝$\dfrac{1}{2}×6×8＝24$(cm²)

したがって，

△FEO÷△ABC＝$\dfrac{8}{3}÷24=\dfrac{1}{9}$(倍)

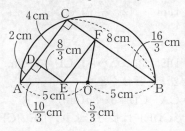

3 **34°**

解説

右の図のように，頂点に名前をつける。△ABE の内角と外角の関係より，

∠AED＝∠x＋50°

△CDE の内角と外角の関係より，∠AED＝55°＋29°＝84°

よって，∠x＋50°＝84°　　∠x＝84°－50°＝34°

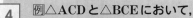

4 例△ACDと△BCEにおいて，

△ABC，△CDEはともに正三角形だから，

AC＝BC…①　　CD＝CE…②

また，∠ACB＝∠DCE＝60°

∠ACD＝∠DCE＋∠ACE＝60°＋∠ACE

…③

∠BCE＝∠ACB＋∠ACE＝60°＋∠ACE

…④

③，④より，∠ACD＝∠BCE…⑤

①，②，⑤より，2組の辺とその間の角がそれぞれ等しいから，△ACD≡△BCE

5 **30°**

解説

CD＝CEより，

△CDE は二等辺三角形であるから，

∠CED＝∠CDE＝50°

四角形ABCDは平行四辺形であるから，AD∥BC

よって，平行線の錯角は等しいから，

∠BCE＝∠CED　　∠x＋20°＝50°

よって，∠x＝50°－20°＝30°

6 (1) 例△ABCと△EADにおいて，

仮定より，AB＝EA…①

平行四辺形ABCDの対辺は等しいから，

BC＝AD…②

①より，△ABEは二等辺三角形となり，二等辺三角形の底角は等しいから，

∠ABC＝∠AEB…③

AD∥BCより，平行線の錯角は等しいから，∠AEB＝∠EAD…④

③，④より，∠ABC＝∠EAD…⑤

①，②，⑤より，2組の辺とその間の角がそれぞれ等しいから，

△ABC≡△EAD

(2) **25°**

解説

(2) ∠CAE＝x°とする。

(1)より，

△ABC≡△EAD だから，

∠AED＝∠BAC

＝∠BAE＋∠CAE

＝40°＋x°

ACとDEの交点をFとすると，△AEFの内角の和は180°だから，

x°＋(40°＋x°)＋90°＝180°

2×x°＝50°　　x°＝25°

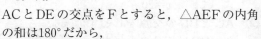

▮▮ 三平方の定理・相似・平行

1 **$\sqrt{41}$ cm**

解説

直角三角形ABCにおいて，三平方の定理より，

AB²＝BC²＋CA²＝5²＋4²＝41

AB＞0より，AB＝$\sqrt{41}$ cm

2 (1) $\dfrac{8}{3}$ cm　(2) $\dfrac{2}{13}$ 倍

解説

(1) 等しい角の関係は右の
図のようになり，
∠CAD＝∠FEG，
∠ADC＝∠EGF＝90°

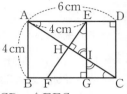

だから，**2組の角がそ
れぞれ等しくなり，△ACD∽△EFG**
よって，CD：FG＝AD：EG

4：FG＝6：4，4×4＝FG×6，FG＝$\dfrac{8}{3}$ cm

(2) ∠EAH＝∠FCH（平行
線の錯角），∠AHE＝
∠CHF＝90°だから，
**2組の角がそれぞれ等
しくなり，**
△AHE∽△CHF

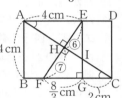

よって，

EH：FH＝AE：CF＝4：$\left(2+\dfrac{8}{3}\right)$
　　　　　　　　　＝4：$\dfrac{14}{3}$＝6：7

したがって，

△CHF＝$\dfrac{1}{2}$×$\dfrac{14}{3}$×$\left(4×\dfrac{7}{6+7}\right)$＝$\dfrac{1}{2}$×$\dfrac{14}{3}$×$\dfrac{28}{13}$

　　　　＝$\dfrac{196}{39}$（cm^2）

AB∥IGより，IG：AB＝CG：CB，

IG：4＝2：（2＋4），IG×6＝4×2，IG＝$\dfrac{4}{3}$ cm

よって，△CIG＝$\dfrac{1}{2}$×2×$\dfrac{4}{3}$＝$\dfrac{4}{3}$（cm^2）

したがって，

（四角形HFGI）＝△CHF－△CIG＝$\dfrac{196}{39}$－$\dfrac{4}{3}$

　　　　　　　　　＝$\dfrac{48}{13}$（cm^2）

（長方形ABCD）＝4×6＝24（cm^2）

よって，（四角形HFGI）÷（長方形ABCD）

＝$\dfrac{48}{13}$÷24＝$\dfrac{2}{13}$（倍）

3 (1) $\dfrac{32\sqrt{3}}{3}$ cm^3　(2) $6\sqrt{7}$ cm

解説

(1) 立面図が１辺の長さ
4cmの正三角形だか
ら，右の四角錐の見取
り図において，OE＝
4cm，点Hは線分AC
の中点，点Eは辺BCの中点であるから，
△CABにおいて，中点連結定理より，

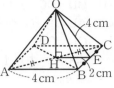

HE＝$\dfrac{1}{2}$AB＝$\dfrac{1}{2}$×4＝2（cm）

直角三角形OEHにおいて，三平方の定理より，
OH^2＝OE^2－HE^2＝4^2－2^2＝12
OH＞0より，OH＝$\sqrt{12}$＝2$\sqrt{3}$（cm）
よって，求める体積は，

$\dfrac{1}{3}$×4×4×2$\sqrt{3}$＝$\dfrac{32\sqrt{3}}{3}$（cm^3）

(2) 側面の展開図のおうぎ
形の中心角をa°とする
と，

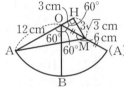

$2\pi×4＝2\pi×12×\dfrac{a}{360}$

　　$a＝120$

右の図のおうぎ形の展開図において，点Mから
線分AOの延長にひいた垂線をMHとすると，
△OHMは30°，60°，90°の直角三角形となり，
３辺の長さは図のようになる。よって，
△AMHは直角三角形となり，求める線の長さ
は図において，線分AMの長さとなる。三平方
の定理より，
AM^2＝AH^2＋MH^2＝（12＋3）^{2}＋（3$\sqrt{3}$）^{2}＝252
AM＞0より，AM＝$\sqrt{252}$＝6$\sqrt{7}$（cm）

4 (1) **4cm**
(2) **例**△CDEと△OFEにおいて，
対頂角は等しいから，∠CED＝∠OEF
　　　　　　　　　　　　　…①
**弧ACに対する円周角と中心角の関係よ
り，∠ABC＝$\dfrac{1}{2}$∠AOC…②**
仮定より，
　　∠AOF＝∠EOF＝$\dfrac{1}{2}$∠AOC…③
**②，③より，∠ABC＝∠AOF
よって，同位角が等しいから，BC∥OF
平行線の錯角は等しいから，
∠ECD＝∠EOF…④
①，④より，2組の角がそれぞれ等しい
から，△CDE∽△OFE**

27

解説

(1) BD＝DC，点Oは線分
ABの中点だから，
OB＝OA
よって，中点連結定理
より，
AC＝2×OD＝2×2＝4(cm)

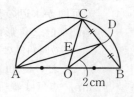

---

5 (1) $\dfrac{13}{2}$ cm (2) 16 cm

解説

(1) 線分BDと線分EFとの交点をGとすると，点
Gは線分BDの中点だから，中点連結定理より，
$EG＝\dfrac{1}{2}AD＝\dfrac{5}{2}$ cm，$GF＝\dfrac{1}{2}BC＝4$ cm

よって，線分EFの長さは，$EG＋GF＝\dfrac{13}{2}$ cm

(2) AG∥DB，AF：FB＝2：3より，
DF：FG＝3：2…①
また，FB＝ECより，AF：EC＝2：3
これとAF∥ECより，FG：GE＝2：3…②
①，②より，DF：FG：GE＝3：2：3
また，FG：BC＝2：(2＋3)＝2：5
よって，
$DE＝\dfrac{3＋2＋3}{5}×BC＝\dfrac{8}{5}×10＝16$(cm)

12 データの活用と確率

1 (1) ① 22.5m ② 0.2
(2) 例えりかさんの記録は，中央値より大き
い から。

解説

(1)① 度数分布表における最頻値は，最も度数が大
きい階級の階級値である。最も度数が大きい
階級は20m以上25m未満だから，求める最
頻値は，(20＋25)÷2＝22.5(m)
② 10m以上15m未満の階級の度数は8人だから，
求める相対度数は，$\dfrac{8}{40}＝0.2$

2 (1) およそ930個 (2) イ，エ

解説

(1) はじめに箱に入っていた黒玉の個数をx個とす
る。この箱の中に白玉200個を入れたとき，箱

の中の$(x＋200)$個の玉を母集団，取り出した
170個の玉を標本とすると，箱の中にふくまれ
る黒玉の割合が，母集団と標本でほぼ等しいと
考えられる。取り出した玉にふくまれる黒玉の
割合は，$\dfrac{140}{170}＝\dfrac{14}{17}$

よって，はじめに箱に入っていた玉のうち，黒
玉の個数についての方程式は，$\dfrac{x}{x＋200}＝\dfrac{14}{17}$，
$17x＝14(x＋200)$，$17x＝14x＋2800$，
$3x＝2800$，$x＝933.3…$より，一の位の数を四捨
五入すると，およそ930個。

(2) ア 箱ひげ図から平均値は読みとれない。
イ 第3四分位数は，1組は7冊，2組は8冊
だから，正しい。 ウ 四分位範囲は，1組は
7－3＝4(冊)，2組は8－3＝5(冊)だから，誤り。
エ 第3四分位数は，データを小さい順に並べ
たときの24番目の値で，1組は7冊，2組は8
冊だから，どちらの組にも，読んだ本が7冊以
上の生徒は8人以上いる。よって，正しい。
オ 1組の最大値は11冊だが，必ずしも読んだ
本が10冊の生徒がいるとは限らない。よって，
誤り。

3 (1) $\dfrac{1}{2}$

(2) ① $\dfrac{5}{18}$ ② $\dfrac{11}{36}$ ③ $\dfrac{1}{9}$

(3) 記号…ア
説明…例 3回目に赤玉が取り出される確
率は$\dfrac{2}{3}$，3回目に白玉が取り出さ
れる確率は$\dfrac{1}{3}$であり，赤玉が取
り出される確率は白玉が取り出さ
れる確率より大きい。したがって，
赤玉が取り出されやすい。

解説

(1) できる2けたの整数は，次の樹形図のように，
全部で12通りあり，これらは同様に確からしい。
このうち，4の倍数となるのは，●印をつけた
6通りある。よって，求める確率は，$\dfrac{6}{12}＝\dfrac{1}{2}$

十の位 一の位　十の位 一の位　十の位 一の位　十の位 一の位

$2\begin{cases}4●\\6\\8●\end{cases}$　$4\begin{cases}2\\6\\8●\end{cases}$　$6\begin{cases}2\\4●\\8●\end{cases}$　$8\begin{cases}2\\4●\\6\end{cases}$

(2) 大小2つのさいころの目の出方は，全部で
6×6＝36(通り)あり，これらは同様に確から

しい。大きいさいころの目がa，小さいさいころの目がbであることを(a, b)と表すことにする。

① $a+b\leqq5$となるのは，$(a, b)=(1, 1)$，$(1, 2)$，$(1, 3)$，$(1, 4)$，$(2, 1)$，$(2, 2)$，$(2, 3)$，$(3, 1)$，$(3, 2)$，$(4, 1)$の10通りある。よって，求める確率は，$\dfrac{10}{36}=\dfrac{5}{18}$

② aとbのうち，少なくとも一方は5となるのは，$(a, b)=(1, 5)$，$(2, 5)$，$(3, 5)$，$(4, 5)$，$(5, 1)$，$(5, 2)$，$(5, 3)$，$(5, 4)$，$(5, 5)$，$(5, 6)$，$(6, 5)$の11通りある。よって，求める確率は，$\dfrac{11}{36}$

③ $\sqrt{10a+b}$が整数となるのは，$(a, b)=(1, 6)$，$(2, 5)$，$(3, 6)$，$(6, 4)$の4通りある。よって，求める確率は，$\dfrac{4}{36}=\dfrac{1}{9}$

理科

┃ 力・仕事・エネルギー

1 (1) 記号…⑦
数値…0.8
(2) 7.0cm

解説

(1) 図Ⅱから，ばねにつるしたおもりの個数とばねののびは**原点を通る直線**になっているので，比例している。よって，**ばねののびとばねを引く力の大きさとは比例している。これをフックの法則**という。
図Ⅱで，ばねののびが6cmのときのおもりの個数は，ばねXでは4個，ばねYでは5個である。このとき，ばねXを引く力の大きさは，ばねYを引く力の大きさの 4÷5＝0.8〔倍〕

(2) おもりP，Qの重さは，図Ⅱよりそれぞれ実験で用いたおもり3個分，2個分である。よって，実験で用いたおもりを1個つるすと1.4cmのびるばねZののびは，
1.4cm×(3＋2)＝7.0cm

2 エ

解説

物体にはたらく水圧は，**深いところほど大きく，深さが同じであれば等しい。**

3 記号…イ
理由…例**基準面からの位置エネルギーが等しく，力学的エネルギーが保存されるから。**

解説

図2のA，Bの小球は，基準面からの高さが等しいので，位置エネルギーは等しい。A，Bの小球が基準面まで動くと，位置エネルギーが運動エネルギーに変わるが，力学的エネルギーは保存されるので，AとBの運動エネルギーは等しく，速さは等しい。

4 (1)
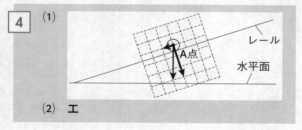
(2) エ

解説

(1) 2つの分力は，分解しようとするもとの力の矢印を対角線とする平行四辺形のとなり合う2辺で表すことができる。ここでは，斜面に対して平行な分力と垂直な分力に分解するので，平行四辺形は長方形になる。

(2) 小球とレールの間の摩擦や空気抵抗は考えないので，レールに沿う方向の力は，重力のレール（斜面）に平行な分力だけであり，レールを下っている間は大きさが一定で変化しない。このとき，物体には運動している方向に一定の力がはたらき続けるので，速さの変化の割合は変化せず，速さは一定の割合で速くなっていく。

2 電気と磁気

1 (1) オームの法則
(2) 1.50A
(3) 3Ω
(4) 9V
(5) 2V
(6) ①Ⅳ ②Y ③6

解説

(2) 5Aの−端子につないであるので，1目盛りは0.1Aである。値を読み取るときには，**最小目盛りの $\frac{1}{10}$ まで目分量で読み取る。**

(3) **抵抗〔Ω〕＝電圧〔V〕÷電流〔A〕**の式に，図Ⅱで読みとった値をあてはめて求める。
6V÷2A＝3Ω

(4) 図Ⅳは直列回路なので，電熱線X，Yに流れる電流は等しく，1Aである。図Ⅱより，電熱線X，Yに1Aの電流が流れたときに電熱線に加わる電圧は，3V，6Vであるから，その和は，
3V＋6V＝9V

(5) 図Ⅴは並列回路なので，回路全体に加わる電圧と，電熱線X，Yに加わる電圧は等しい。図Ⅱより，電熱線X，Yの抵抗は，
X：6V÷2A＝3Ω
Y：6V÷1A＝6Ω
であるから，電熱線XとYの合成抵抗を r〔Ω〕とすると，
$\frac{1}{3}+\frac{1}{6}=\frac{1}{r}$　　$r=2Ω$
よって，回路全体に加わる電圧は，
2Ω×1A＝2V

(6) 図Ⅴの電熱線**X**，**Y**に流れる電流の大きさを，**電流〔A〕＝電圧〔V〕÷抵抗〔Ω〕**の式で求めると，

図ⅤのⅩに流れる電流：$2V \div 3\Omega \fallingdotseq 0.67A$
図ⅤのⅩに流れる電流：$2V \div 6\Omega \fallingdotseq 0.33A$

電力〔W〕＝電圧〔V〕×電流〔A〕の式でそれぞれの電熱線の電力を求めると，

図ⅣのⅩの電力：$3V \times 1A = 3W$
図ⅣのⅩの電力：$6V \times 1A = 6W$
図ⅤのⅩの電力：$2V \times 0.67A = 1.34W$
図ⅤのⅩの電力：$2V \times 0.33A = 0.66W$

2 (1) **例（コイル内部の）磁界の変化にともない電圧が生じてコイルに電流が流れる現象。**
(2) **イ**

解説
(2) **イ**は，実験と同じように，棒磁石のＮ極がコイルに近づいてから遠ざかっているので，検流計の針のふれ方は実験のときと同じになる。これに対して**エ**は，Ｎ極がコイルに近づくだけなので，検流計の針は＋側にしかふれない。
また，**ア**と**ウ**は，近づいたり遠ざかったりする極がＳ極になっているので，検流計の針のふれ方は実験のときと逆になる。

3 (1) **放電**
(2) ①**イ** ②**イ**

解説
(2) 電流の正体は，**電子**の流れである。電子は**－の電気をもつ**ため，**＋極のほうに引き寄せられ**，クルックス管では－極側から＋極側に向かって移動する。

3 光・音による現象

1 (1)

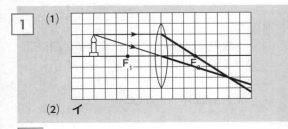

(2) **イ**

解説
(1) 光軸（凸レンズの軸）に平行に進む光は，凸レンズで**屈折**し，**焦点を通る**ように進む。凸レン

ズの中心を通る光は，そのまま**直進**する。
(2) 光源が図1，図2の位置のとき，(1)で作図した2つの光の道すじの交点の位置で，スクリーン上に実像ができる。光源を左側に移動すると，下の図のように，実像ができるスクリーンの位置はレンズに近くなり，実像は小さくなる。

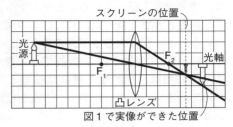

2 (1) **200 cm**
(2) **ア，イ，ウ，エ**

解説
(1) 鏡に映る像（虚像）は，鏡に対して花子さんと線対称になるので，鏡から100cm向こう側にあるように見える。よって，花子さんの立っている位置から虚像までの距離は，

$100cm + 100cm = 200cm$

(2) 鏡の上端，下端で反射して目に届く光の道すじは右の図のようになる。そのため，**ア，イ，ウ，エ**の部分は見えるが，**オ，カ**の部分は見えない。

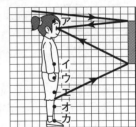

3 **875 m**

解説
船が汽笛を鳴らしてからの5秒間に，船と汽笛の音は下の図のように進み，それぞれの距離は，

船：$10m/s \times 5s = 50m$
音：$340m/s \times 5s = 1700m$

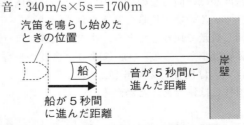

汽笛を鳴らし始めたときの船と岸壁の距離をx〔m〕とすると，船に汽笛の音が届いたときの船と岸壁の距離は$x - 50m$であるから，

$x + (x - 50m) = 1700m$ $x = 875m$

(1) 例音を伝えている
　　(2) ①ウ　　②300 Hz

解説
(1) 密閉容器内に空気があると音が聞こえ，容器内
　　の空気を抜いていくと音が聞こえにくくなるの
　　で，空気が音を伝えていることがわかる。
(2) ① 同じおんさを強くたたくと，音の高さは変
　　わらないが，音の大きさが大きくなる。このと
　　きの波形は，振動数が同じで，振幅が大きくなる。
　　② 振動数は，音源が1秒間に振動する回数
　　である。実験1で用いたおんさの波形は図Ⅱで
　　あり，この音の振動数が400 Hzで，1目盛りで
　　1回振動しているため，1目盛りの時間は$\frac{1}{400}$ s
　　である。図Ⅲの波形では，4目盛り分の時間で
　　3回振動しているので，振動数は，
$$3 \div \left(\frac{1}{400} \times 4 \right) = 300 \, \text{[Hz]}$$

4 物質の性質・水溶液・気体

1　(1) 2.7 g/cm³
　　(2) B
　　(3) Cu

解説
(1) 密度〔g/cm³〕＝質量〔g〕÷体積〔cm³〕の式に，
　　表2から読み取った円柱Dの質量と体積をあて
　　はめる。16.2 g÷6.0 cm³＝2.70 g/cm³
(2) 図から読み取った水面の目盛りは53.5 cm³より，
　　円柱Aの体積は3.5 cm³である。
　　円柱A，B，Cの密度をそれぞれ計算すると，
　　　円柱Aの密度：25.0 g÷3.5 cm³≒7.14 g/cm³
　　　円柱Bの密度：14.2 g÷2.0 cm³≒7.10 g/cm³
　　　円柱Cの密度：22.4 g÷2.5 cm³＝8.96 g/cm³
　　密度がほぼ同じなので，円柱Aと同じ金属ででき
　　ているのは円柱Bと考えられる。
(3) 同じ質量で比較したとき，密度が大きいほうが
　　体積は小さくなる。(1)，(2)より，密度が一番大
　　きいのは円柱Cの8.96 g/cm³である。表1より，
　　円柱Cは銅であるとわかる。

2　デンプン…C　　白砂糖…B

解説
【実験1】より，水に溶けない物質Cがデンプンと
わかる。また，【実験2】より，加熱したとき，こ

げて黒い炭のようになる物質BとCが有機物，変化
しない物質Aが無機物である食塩とわかる。よって，
物質Bが白砂糖である。有機物は炭素を含み，燃え
ると二酸化炭素が発生する。

3　(1) 20 %
　　(2) 60 g

解説
(1) $\frac{10 \, g}{10 \, g + 40 \, g} \times 100 = 20$ より　20 %
(2) 加えた水の質量をx〔g〕とすると，
$$30 \times \frac{15}{100} = (30 + x) \times \frac{5}{100} \qquad x = 60 \, g$$

4　イ

解説
20℃の水100 gには，ミョウバンが11.4 g溶けるの
で，出てくる結晶の質量は，
　　50 g－11.4 g＝38.6 g

5　(1) 水上置換法
　　(2) イ，エ
　　(3) ア，カ

解説
(2) 水に溶けやすい気体は，水上置換法で集めるの
　　に適していない。アンモニアと塩素は水に溶け
　　やすい。
(3) 選択肢の中で，混ぜたときに気体が発生する物
　　質の組み合わせは，
　　・石灰石と塩酸 → 二酸化炭素が発生する。
　　・二酸化マンガンとオキシドール（うすい過酸
　　　化水素水）→ 酸素が発生する。

5 化学変化と原子・分子

1　(1) ウ
　　(2) 例火のついたマッチを試験管Yの口に近
　　　づける。
　　(3) エ
　　(4) ① Na₂CO₃　　② CO₂

解説
(1) このような実験では，液体が生じてガラス器具
　　の加熱部分に流れこんで急に冷えると，ガラス
　　器具が割れる危険があるので，加熱する試験管

の口を少し下げる必要がある。

(2) 火のついたマッチを近づけたとき，ポンと音を
たてて気体自身が燃えれば，その気体は水素で
あると考えられる。

(3) 火のついた線香を試験管に入れると線香の火が
消えたことから，試験管内の気体はものを燃や
すはたらきがある酸素ではないことがわかる。
試験管内の気体が二酸化炭素である可能性はあ
るが，ほかにも窒素などである可能性があるた
め，二酸化炭素だと断定はできない。

(4) **炭酸水素ナトリウムを加熱すると，炭酸ナトリ
ウム，二酸化炭素，水に分解する。** 炭酸ナトリ
ウム（Na_2CO_3）は固体，二酸化炭素（CO_2）は気
体，水（H_2O）は液体である。
また，反応前（矢印の左側）と反応後（矢印の右
側）での各原子の数は必ず等しくなる。

---

2 (1) エ
(2) 例・**結びつく銅と酸素の質量の割合は一
定だから。**
・**すべての銅が酸素と結びついて酸化
銅になると，それ以上酸素と結びつ
かないから。**
(3) 0.75g

解説

(1) **酸素は原子2つが結合して1つの分子となっ
ている**ので，○○と表される。銅と酸素が結び
ついてできる酸化銅は，銅原子と酸素原子が交
互に規則的に並んで，1:1の割合で結びつい
ているので，●○と表される。

(2) **化学変化に関係する物質の質量の比はつねに一
定である。** よって，ある質量の銅を加熱して酸
素と反応させると，結びついた酸素の分だけ質
量はふえるが，すべての銅原子が酸素と結びつ
いて酸化銅になれば，それ以上は酸素と反応し
なくなり，質量がふえなくなる。

(3) 図Ⅱより，銅と結びつく酸素の質量の比は4:1
であるから，求める酸素をx〔g〕とすると，
$$3.00g:x=4:1 \qquad x=0.75g$$

---

3 (1) 4.4g
(2) 3.2g

解説

(1) **質量保存の法則**より，**化学変化に関係する物質
全体の質量は，反応の前後で変化しない。** 生じ
る二酸化炭素の質量をx〔g〕とすると，

$$16.0g+1.2g=12.8g+x \qquad x=4.4g$$

(2) 反応前の固体の質量の合計は，
$$8.0g+2.0g=10.0g$$
加熱を止めたときに試験管の中に残っていた
8.9gの固体は，未反応の酸化銅と炭素，反応
で生じた銅の混合物である。よって，発生した
二酸化炭素の質量は，
$$10.0g-8.9g=1.1g$$
この実験の化学変化では，銅が12.8gできたと
きに二酸化炭素が4.4g発生しているから，求
める銅の質量をy〔g〕とすると，
$$12.8g:4.4g=y:1.1g \qquad y=3.2g$$

---

6 化学変化とイオン

1 (1) ウ
(2) イ，ウ
(3) ウ

解説

(1) 銅板と亜鉛板を用いたダニエル電池の場合，亜
鉛板付近では亜鉛が電子を失って亜鉛イオンと
なって水溶液中に溶け出す。一方で，銅板付近
では導線を通じて流れてきた電子を水溶液中の
銅イオンが受け取り，銅板に銅が付着する。

(3) セロハンには非常に小さな穴があいていて，水
溶液が混ざるのを防ぐが，イオンは通過できる。

---

2 (1) イ
(2) 水酸化物イオン
(3) あ…アルカリ　　い…中

解説

(1) **フェノールフタレイン液はアルカリ性では赤色
を示し，中性や酸性では無色を示す**ので，酸性
であるうすい塩酸では無色を示す。
pHは水溶液の酸性，アルカリ性の強さを表す
数値であり，**pH<7は酸性，pH=7は中性，
pH>7はアルカリ性**である。

(2) 加える水酸化ナトリウム水溶液が10mLをこえ
るまでは，水酸化ナトリウム水溶液中の水酸化
物イオンは，塩酸に加えると同時に中和に使わ
れる（水素イオンと反応して水になる）ため，0
のままである。加える水酸化ナトリウム水溶液
が10mLをこえると，中和に使われずにあまっ
た水酸化物イオンが増加していく。
また，加える水酸化ナトリウム水溶液がふえる

と，水素イオンの数は減少し，10 mL以上加えたときには0になる。ナトリウムイオンの数は，加える水酸化ナトリウム水溶液の体積に比例して増加し，塩化物イオンの数は変化しない。

(3) BTB液は，**酸性で黄色，中性で緑色，アルカリ性で青色**を示す。

3	(1) A…失って B…陽
	(2) $CuCl_2 \longrightarrow Cu^{2+} + 2Cl^-$
	(3) 9個

解説

(1)(2) 塩化銅を構成するイオンは，銅イオン（Cu^{2+}）と塩化物イオン（Cl^-）である。

(3) **原子がもつ電子の数は**，その原子がもつ**陽子の数と等しい**ので，銅原子1個がもつ電子の数は29個，塩素原子1個がもつ電子の数は17個である。銅イオンCu^{2+}は原子が電子を2個失ってできるので，電子の数は，29個－2個＝27個，塩化物イオンCl^-は塩素原子が電子を1個受けとってできるので，電子の数は，17個＋1個＝18個である。よって，その差は，
27個－18個＝9個

7 いろいろな生物とその共通点

1	(1) 柱頭
	(2) ウ
	(3) イ
	(4) ①オ ②イ

解説

(2) イヌワラビをはじめ，**多くのシダ植物の茎は地下茎**であり，地上に出ている部分は葉である。

(3) スギゴケでは，**f が雄株，g が雌株**である。雌株の上にのびた部分の先端には**胞子のう**があり，中に**胞子**ができる。ゼニゴケでは，**i が雄株，h が雌株**である。

(4) ① 図5の4種類の植物のうち，エンドウだけが種子をつくる。
② イヌワラビ，スギゴケ，ゼニゴケのうち，イヌワラビだけに維管束がある。

2	イ

解説

顕微鏡の対物レンズは，高倍率のものほど視野がせ

まくなり，暗くなるので，まずはいちばん低倍率のものにする（**b**）。

次に，反射鏡としぼりを調節して明るさを調整する（**e**）。そして，プレパラートをステージにのせ（**d**），調節ねじでピントを合わせる（**a**）。最後に，接眼レンズをのぞきながら，しぼりで見やすい明るさに調節し，プレパラートの位置を微調整する（**c**）。

なお，調節ねじでピントを合わせるときには，必ず横から見ながらプレパラートと対物レンズをできるだけ近づけてから，接眼レンズをのぞきながらプレパラートと対物レンズが離れる方向に動かして，ピントを合わせる。これは，プレパラートと対物レンズが接触しないようにするためである。

3	(1) 細胞壁
	(2) 観察できる範囲…せまくなる。
	視野の明るさ…暗くなる。
	(3) イ

解説

(2) 顕微鏡の**対物レンズを高倍率のものに変えると，せまい範囲を拡大**して見ることになるため，**視野はせまくなる**。視野がせまくなると，その分入ってくる光も減るので，**視野は暗くなる**。

(3) 多細胞生物の体は，細胞が集まって**組織**をつくり，組織が集まって**器官**をつくり，器官が集まって**個体**がつくられている。

8 生物の体のつくりとはたらき

1	(1) エ
	(2) ①蒸散 ②水の吸い上げ（吸水）

解説

(1) 葉でつくられた栄養分の通る**師管**は，茎の維管束の外側にある。これに対して，根で吸収した水の通る**道管**は，茎の維管束の内側にある。

(2) 植物の体から水が水蒸気となって放出される現象を蒸散といい，主に気孔で起こる。蒸散によって葉や茎の道管の中の水が吸い上げられ，根で吸い上げる水の量が増加する。

2	イ

解説

ヨウ素液にひたしたときに青紫色になるのはデンプンが含まれている部分で，デンプンは光合成が行わ

れることによりつくられる。光合成は，葉緑体がある部分に光が当たると行われる。白い部分には葉緑体がなく，アルミニウムはくでおおった部分には光が当たらないためいずれも光合成が行われない。

3 (1) ア
　 (2) エ

解説

(1) 心臓を基準として，送り出される血液が流れる血管を動脈，戻る血液が流れる血管を静脈という。また，酸素を多く含んだ血液を動脈血，二酸化炭素を多く含んだ血液を静脈血という。心臓と肺の間の動脈には静脈血が，肺と心臓の間の静脈には動脈血が流れていることに注意する。

(2) **ア**は肝臓のはたらきを述べた文である。腎臓は血液をろ過して血液中の不要な物質を取り除くはたらきがある。**イ**は肝臓や筋肉のはたらきを述べた文である。**ウ**の文は「静脈は動脈よりも血管の壁がうすく」が正しい。また，静脈では血管内に弁という構造が見られる。

4 (1) スズメ，イヌ
　 (2) X…肺　　Y…皮膚

解説

(1) セキツイ動物のうち，鳥類（スズメ）・ホニュウ類（イヌ）のような，まわりの温度が変化しても体温がほぼ一定に保たれている動物を恒温動物といい，魚類（ブリ）・両生類（カエル）・ハチュウ類（トカゲ）のような，まわりの温度の変化にともなって体温が変化する動物を変温動物という。

(2) カエルなどの両生類では，幼生（子）はえらと皮膚で呼吸し，成体（親）は肺と皮膚で呼吸する。

9 生命の連続性

1 (1) 減数分裂
　 (2) DNA（デオキシリボ核酸）
　 (3)

　 (4) ①オ　　②エ

解説

(1) **生殖細胞をつくるときに行われる細胞分裂**は，

通常の体細胞分裂とは異なり，**染色体の数がもとの細胞の半分になる減数分裂**である。

(3) 実験1の結果から，丸形の形質が**顕性形質**，しわ形の形質が**潜性形質**であることがわかるので，しわ形の形質を表す**く**の遺伝子の組み合わせはrrであり，**い**と**え**は遺伝子rをもつ。
　さらに，**分離の法則**より，**減数分裂では対になっている遺伝子が分かれて別々の生殖細胞に入る**ので，**あ**と**う**は遺伝子Rをもつ。
　よって，遺伝子の組み合わせは，**お**がRR，**か**と**き**がRrである。

(4) (3)より，孫にあたる個体のもつ遺伝子の組み合わせは，RR：Rr：rr＝1：2：1である。
　① 丸形の種子：しわ形の種子＝3：1であるから，丸形の種子の個数をx個とすると，
　　x：1850個＝3：1　　　x＝5550個
　② Rr：rr＝2：1であるから，遺伝子の組み合わせがRrである種子の個数をy個とすると，
　　y：1850個＝2：1　　　y＝3700個

2 (1) 光合成
　 (2) 分解者
　 (3) イ，オ

解説

(1) 二酸化炭素の関係する植物が行うはたらきは，呼吸と光合成である。**呼吸では酸素をとり入れて二酸化炭素を放出し，光合成では二酸化炭素をとり入れて酸素を放出**する。

(3) 分解者は，土の中の小動物（ダンゴムシ，ミミズなど）や，菌類（カビ，キノコなど），細菌類（大腸菌や乳酸菌など）などの微生物である。

3 (1) 例細胞どうしをはなれやすくするため。
　 (2) (p →) r → s → q → t
　 (3) 例（細胞分裂によって）細胞の数がふえ，それらの細胞が大きくなる。

解説

(1) 試料を塩酸に入れると，となり合う細胞の細胞壁をつないでいる物質がとけ，細胞の1つ1つがはなれやすくなる。この処理を行うことで，細胞の観察がしやすくなる。

(2) 細胞分裂では，はじめに核の内部に染色体が見えるようになる（r）。次に，染色体が細胞の中央付近に並んで（s）から，細胞の両端に分かれて移動し（q），最後に細胞質が2つに分かれて2つの新しい細胞となる（t）。

10 大地の成り立ちと変化

1
(1) ウ
(2) 示相化石
(3) 例 川によって運ばれた土砂は，粒が大きいほど河口の近くに堆積するから。
(4) イ

解説
(1) **石灰岩は生物の死がいなどが堆積してできた岩石**で，**主成分の炭酸カルシウムは塩酸と反応して二酸化炭素を生じる**。
(2) 地層が堆積した**当時の環境**を知ることができる化石を**示相化石**，地層が堆積した**年代**を知ることができる化石を**示準化石**という。
(3) 石灰岩の層の上面の標高は，

地点A　35m－10m＝25m
地点B　40m－10m＝30m
地点C　40m－15m＝25m
地点D　45m－15m＝30m

よって，地点B，Dの側（東）から，地点A，Cの側（西）に向かって低くなっていることがわかる。

2
(1) B
(2) ①ア　②ウ

解説
(1) 火山噴出物の色は，傾斜が急な火山ほど白っぽく，傾斜がゆるやかな火山ほど黒っぽい。
(2) A～Cの火山を，マグマのねばりけの強い順に並べると，A＞C＞Bとなる。マグマのねばりけの強い火山が噴火すると，激しい噴火になることが多く，マグマのねばりけの弱い火山が噴火すると，おだやかな噴火になることが多い。

3
(1) **主要動**
(2) **6km/s**
(3) **14時30分5秒**
(4)

(5) 初期微動継続時間の長さ…**変わらない。**
S波によるゆれの大きさ…**大きくなる。**

解説
(1) P波によるはじめの小さなゆれを初期微動といい，S波による大きなゆれを主要動という。
(2) 図1より，初期微動の始まった時刻は，

B地点（120km）…14時30分25秒
D地点（240km）…14時30分45秒

であるから，

$$\frac{240km－120km}{45s－25s}＝6km/s$$

(3) (2)より震源から120kmの距離にあるB地点までP波が伝わるのにかかった時間は，

120km÷6km/s＝20s

よって，地震が発生した時刻は，

14時30分25秒－20秒＝14時30分5秒

(4) 図1より，P波とS波の到着時刻の差である初期微動継続時間は，

B地点（120km）…20秒
D地点（240km）…40秒

であるから，この2点と原点を結ぶ直線となる。
(5) **マグニチュードは，地震そのものの規模を表す数値**であるから，震源と観測地点が同じであれば，マグニチュードの値が大きくなると一般にゆれは大きくなる。いっぽう，P波とS波の伝わる速さはゆれの大きさに関係なくほぼ一定なので，初期微動継続時間は変わらない。

11 気象と大気

1
(1) 天気…**くもり**　　風向…**北北西**
(2) エ
(3) 50%

解説
(1) 〇は快晴，①は晴れ，◎はくもり，●は雨である。
(2) 乾湿計を用いて測定するには，百葉箱の中が最適である。百葉箱の中は風通しがよく，直射日光が入らないようになっている。
(3) 表1より，乾球温度計の示す温度は10.0℃であり，乾球温度計と湿球温度計の示す温度の差は，

10.0℃－6.0℃＝4.0℃

2　オ

解説
寒冷前線の通過後には気温が急に低くなるので，13日の午前10時ごろが，寒冷前線の通過直後であると考えられる。

3 (1) ①ア ②ウ
(2) 16g/m³

解説

(1) ② この実験では,「コップの中の水の温度」が,「コップの表面付近の空気の温度」と等しくなるようにする。こうすることで,**露点(＝コップの表面に水滴がつき始めたときの温度)**を温度計ではかることができる。

(2) 露点が11.0℃であるから,空気中の水蒸気量は10g/m³である。湿度は62.5 %であるから,18.7℃での飽和水蒸気量をx〔g/m³〕とすると,

$$10\,\mathrm{g/m^3} \div x \times 100 = 62.5 \qquad x = 16\,\mathrm{g/m^3}$$

4 (1) A…西 B…東
(2) 囫陸は海よりあたたまりやすいので,ユーラシア大陸では**上昇気流が発生して,気圧が低くなりやすい**から。

解説

(1) 冬のユーラシア大陸では地表が冷えて高気圧が発達し,**西高東低の気圧配置**になりやすい。

(2) **陸はあたたまりやすく冷えやすい。海はあたたまりにくく冷えにくい。**そのため,**夏は海風が発生するときと同じように,**大陸上では上昇気流が発生して低気圧が発達し,太平洋上では下降気流が発生して高気圧が発達しやすい。

12 地球の運動と宇宙

1 (1) ア
(2) 囫太陽と同じ方向にあるから。
(3) 19時15分
(4)

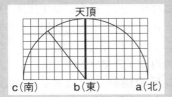

解説

(1) 地球が**A**の位置にあるとき,さそり座は太陽の反対側にあるので,日没のころには東の地平線付近から上がってくる。

(3) 日の出(4時30分)から9時までの時間は4.5時間なので,透明半球上で動く速さは,

$$9\,\mathrm{cm} \div 4.5\,\mathrm{h} = 2\,\mathrm{cm/h}$$

よって,**X**から**Y**まで動くのにかかった時間は,

$$29.5\,\mathrm{cm} \div 2\,\mathrm{cm/h} = 14.75\,\mathrm{h}$$

日の入りの時刻は,日の出の時刻(4時30分)の14.75時間(＝14時間45分)後であるから,19時15分である。

(4) 図3の富山県で観察した結果では日の出の位置が真東なので,春分の日か秋分の日である。この日の赤道上での太陽の日周運動は,下の図のように,日の出が真東,南中のときに天頂,日の入りが真西となる。なお,図2(3か月前)は夏の太陽の動きなので,図3の観察を行ったのは秋分の日であることがわかる。

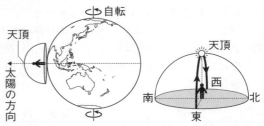

2 ア

解説

自転は,天体自体がこまのように軸を中心に回転する運動であり,公転は,天体がほかの天体のまわりを回転する運動である。黒点が動くようすから,太陽が自転していることがわかる。

恒星は自ら光を出している天体であり,惑星は自ら光を出さず恒星のまわりを公転している天体である。太陽系には,地球など8つの惑星がある。

3 (1) 位置…ア 移動方向…X
(2) ア
(3) 囫太陽・月・地球が一直線に並び,月が太陽をかくすから。

解説

(1) 図1の**A**のように見える月は上弦の月で,図2では**ア**の位置である。**イ**の位置は満月,**ウ**の位置は下弦の月,**エ**の位置は新月である。
上弦の月の前後では,月は新月→三日月→上弦の月→満月と満ちていき,同じ時刻に見える月の位置は,**X**の方向に移動する。

(2) 金星は左側が光っていて,太陽が左側にあることがわかる。この位置関係のとき,金星は明け方の東の空に太陽より先に見え,日の出後には他の恒星と同じように見えなくなる。また,この位置関係のとき,夕方には金星は太陽より先にしずむため,夕方には見えない。

1 世界のすがた

1
(1) 例 高床になっている
(2) ア　　(3) ウ

解説

(1) 同じ家屋の特徴でも，**冷帯**地域にあるロシアでは氷がとけることによる建物の傾き対策，赤道に近い**熱帯**地域にあるパプアニューギニアでは暑さと湿気対策，という気候による違いがある。

(2) **ア**は**B**のリヤド（乾燥帯），**イ**は**D**の釧路（冷帯），**ウ**は**C**のシンガポール（熱帯），**エ**は**A**のパリ（温帯）を示す。

2
(1) イ　　(2) え，お
(3) 南極大陸　　(4) ウ

解説

(1) アフリカ大陸と南北アメリカ大陸の間にある大洋は**大西洋**である。

(2) 図Ⅱからオーストラリア大陸には，東経120度と150度の経線が通っていることがわかる。図Ⅰ，Ⅱ中で，経線は30度間隔で引かれていることに注意する。

(4) 緯線は15度ごとに引かれているので，PQ間は15×3により45度となる。地球の全周は360度なので，45÷360×40000によりPQ間の距離は5,000kmとなる。

3
(1) 南アメリカ州　　(2) 内陸国
(3) 例 国境線にまっすぐな部分が多いこと。

解説

(1) 世界を6つの州に分けたとき，**A**国はヨーロッパ州，**B**国はアフリカ州，**C**国はアジア州，**D**国はオセアニア州，**E**国は北アメリカ州に属している。よって，南アメリカ州が正答。

(2) 国土が全く海に面していない国を**内陸国**，国土が海に囲まれている国を**島国（海洋国）**という。

(3) 植民地時代に引かれた国境線が現在もそのまま使用されている。

2 世界の諸地域

1
(1) 経済特区
(2) 例 輸出品の中心が資源であり，国内総生産が低い。
(3) 混合農業　　(4) ヨーロッパ連合（EU）
(5) A…イ　　B…ウ　　C…ア

解説

(1) 中国は，原材料の輸入や商品の輸出に関して税金などの優遇措置を設けて外国企業を誘致することで，海外資本や技術の導入を図っている。

(2) **ア**と**イ**の国は，資料Ⅰから輸出品が原油や銅など鉱産資源にかたよって工業化が進んでおらず，資料Ⅱから国内総生産が低いことが読み取れる。**モノカルチャー経済**の特徴でもある。

(3) **混合農業**は，フランスやアルプス山脈より北の地域でおもに行われている，小麦などの穀物栽培と豚や牛などの飼育を組み合わせた農業。

(5) **カカオ豆**はコートジボワールやガーナなどの**ギニア湾**に面した国々，**茶**はケニアやスリランカ，**さとうきび**はバイオ燃料の普及が進んでいるブラジルで生産が盛んである。

2
(1) サンベルト　　(2) ア　　(3) エ
(4) ①ア　　②エ
(5) A…イ　　B…エ　　(6) ウ

解説

(1) **サンベルト**は，温暖で，土地代が安く，労働力も豊富なため，発達してきた。

(2) 西経100度から西は乾燥しており，耕作に向かないため，おもに放牧が盛ん。

(3) **ア**の**イヌイット**はカナダ北部の先住民，**イ**の**アボリジニ**はオーストラリアの先住民，**ウ**の**マオリ**はニュージーランドの先住民。よって，**エ**の**ヒスパニック**が正答。

(4) ① **Y**の川は，**アマゾン川**である。
② **アンデス山脈**の西には**太平洋**が広がる。

(5) **ア**のとうもろこしはおもにアメリカ合衆国とブラジルから，**ウ**の鶏肉はおもにブラジルとタイから日本は輸入している。

(6) **ア**の**アパルトヘイト（人種隔離政策）**が実施されたのは南アフリカ共和国。**イ**の人口10万人以上の都市は，内陸部ではなく，降水量の多い南東部・南西部の沿岸に集中している。**エ**の貿易相手国は，近年，中国や日本などのアジアの国々が中心である。よって，**ウ**が正答。

3 日本のすがた

1
(1) エ　　(2) 環太平洋造山帯
(3) レアメタル　　(4) a
(5) A…ア　　B…ウ　　C…イ
(6) X…ア　　Y…例重量の軽いもの

解説
(1) **ウ**は再生可能エネルギーを利用していない。☆が沿岸部に集中していることから，風の力を強く受けられ，騒音の被害も少ない沿岸部に設置される**風力発電所**が正答。
(2) **環太平洋造山帯**（または変動帯）では，太平洋を取り囲むように山脈・山地が連なっており，地震や火山噴火が多い地帯でもある。
(4) **c**は高い二酸化炭素排出量から中国，**d**は1人当たりのGDPが高いことからロシア。残る**a**と**b**のうち，1人当たりのGDPが低いことから**a**がインド，残る**b**が南アフリカ共和国となる。
(6) **航空輸送**は電子部品や貴金属などの軽量で高額な商品を，**海上輸送**は重い自動車や石油などを運ぶために利用されることが多い。

2
(1) エ　　(2) ②
(3) 3月2日午後2時

解説
(1) **ア**の日本の**排他的経済水域**の面積は，国土約38万km²の10倍以上で約447万km²。**イ**のフォッサマグナは東西ではなく南北に縦断している。**ウ**の日本の国土面積に占める山地の割合は約75％。よって，残る**エ**が正答。
(3) 東経135度の日本とハワイ州の経度差は，135（度）＋150（度）＝285（度）。**経度15度で時差1時間**のため，時差は，285÷15＝19（時間）。東経に位置する日本の時刻が先に進んでいることから，3月3日午前9時から19時間引いた時刻を求める。

3
(1) 東北地方　　(2) 5県　　(3) a

解説
(1) X県は山形県である。
(2) 新潟県に隣接しているのは山形県，福島県，群馬県，長野県，富山県の5つ。
(3) **a**は静岡県静岡市，**b**は香川県高松市，**c**は神奈川県横浜市，**d**は岩手県盛岡市。

4 日本の諸地域

1
(1) X…ア　　Y…ウ
(2) 静岡県
(3) 北海道
(4) 近郊
(5) 例やませという北東の風が吹く（13字）
(6) エ

解説
(1) P県は石川県である。冬に降雪量が多い北陸地方や東北地方では，耕作ができない冬の副業として**地場産業**が発達してきた。
(2) みかんと茶は，比較的温暖な地域で栽培が盛ん。
(6) Qの県とは愛知県である。**ア**の**ため池**が多く見られるのは年間降水量が比較的少ない瀬戸内地域。**イ**の**竿燈まつり**が行われているのは秋田県，**ウ**の**成田国際空港**があるのは千葉県。**エ**の自動車生産額1位は愛知県である。

2
(1) 扇状地　　(2) イ

解説
(2) **ア** X の道路に沿って見られる卍は寺院。
ウ Q地点近くの標高468mの表示，御坂町下黒駒周辺の400mの等高線より，金川は南東から北西に向かって流れている。**エ** PQ間の実際の距離は，4cm×25000＝100000cm，100000cm＝1000m，1000m＝1km
よって，**イ**が正答。**扇状地**は，水はけがよく，果物栽培に適している。

3
(1) ア
(2) 大阪府…イ　　奈良県…ウ
(3) 岡山県

解説
(1) ▲が示す阿蘇山の**カルデラ**は世界最大級である。**イ**の**三角州**は河川が運んだ細かい土砂が河口付近に堆積してできる地形。**ウ**の**フィヨルド**は氷河によって削られてできる奥行きのある湾。**エ**の**フォッサマグナ**は，西端の糸魚川—静岡構造線から中部地方や関東地方にかけて巨大な溝のようになっている地帯で，日本を東と西に分けている。
(2) 文化財の数がいちばん多い**ア**が京都府で，次に多い**ウ**が奈良県。印刷業が盛んなのは大阪府で**イ**。残る**エ**が和歌山県となる。

5 古代〜中世の日本

1 (1) ①ウ ②エ (2) 六波羅探題
(3) ①執権
②例倭寇と正式な貿易船を区別するため。
(4) 御恩 (5) ア (6) 狂言

解説

(1) ① 御成敗式目（貞永式目）は，武士の社会で行われていた慣習に基づいてつくられた法律で，1232年に北条泰時が定めたものである。
② 鎌倉幕府を倒した後醍醐天皇が行った天皇中心の政治を建武の新政という。武士の政治を批判し，貴族を重視する政策をとったため，武士の間に不満が高まり，わずか2年でくずれた。

(2) 承久の乱は，後鳥羽上皇が鎌倉幕府を倒そうとして起こした反乱であったが，失敗に終わった。

(3) ① 源頼朝の死後，次第に権力を握るようになった北条氏一族が執権の職を独占した。
② 室町時代，足利義満が明の求めに応じて倭寇を禁じる一方，正式な貿易船には勘合という証明書を持たせて日明貿易（勘合貿易）が始まった。この貿易で，日本は刀や銅などを輸出し，銅銭や生糸，絹織物などを輸入していた。

(4) 御恩とは，将軍が御家人の土地を保護したり，恩賞として新たな領地を与えたことを意味する。

(5) 平安時代末期の源氏と平氏の争いで焼失した東大寺は鎌倉時代に再建された。金剛力士像はその際に制作され，新たに建てられた南大門に収められた。

(6) 能は，観阿弥・世阿弥の親子によって大成し，能の合間には狂言も楽しまれるようになった。このほかにも室町時代には，民衆の経済的な成長とともに文化も広まり，「一寸法師」などの御伽草子と呼ばれる絵本なども流行した。

2 (1) ア (2) 例百済を助ける
(3) エ (4) X…摂政 Y…関白
(5) ウ→ア→イ

解説

(1) 仏教は，6世紀半ばに百済から伝わった。推古天皇の摂政であった聖徳太子は，十七条の憲法の制定や法隆寺を建てるなどして，仏教を広めることに力を入れた。これにより，飛鳥地方を中心に日本最初の仏教文化が栄えた。法隆寺は，現存する世界最古の木造建築としても有名である。

(2) 唐や新羅にほろぼされた百済の復興を助けるために，663年，日本は朝鮮半島に兵を送ったが，唐と新羅の連合軍に敗れた。これを白村江の戦いという。

(3) アは平安時代，イは鎌倉時代，ウは飛鳥時代の様子について述べた文。

(4) 天皇が幼いときに補佐する職を摂政，成人したときに補佐する職を関白という。平安時代の中頃，藤原氏はこれらの地位に就くことで政治の実権を握った。このような政治を摂関政治といい，藤原道長と頼通の頃に全盛を築いた。

(5) 中臣鎌足とともにウの大化の改新を行った中大兄皇子は，天智天皇として即位した。その天智天皇の後継者をめぐって，アの壬申の乱が起こった。勝って即位した天武天皇は，天皇の地位を高めるため，歴史書や律令の作成を命じた。そして，天武天皇の没後の701年，唐の制度にならったイの大宝律令が完成した。

3 (1) メソポタミア文明
(2) イ→ウ→ア→エ
(3) 卑弥呼

解説

(1) エジプト文明はナイル川流域，インダス文明はインダス川流域，中国文明は長江流域や黄河流域に栄えた。

(2) イの石を打ち割ったり，打ち欠いたりしてつくった石器を打製石器，その表面を磨いてつくったアの石器を磨製石器と呼ぶ。ウの「縄目の文様をもつ土器」とは縄文土器のことである。エの須恵器は朝鮮半島から日本に移り住んだ渡来人によって伝えられた，固く黒っぽい土器である。

6 近世の日本

1 (1) エ→イ→ウ→ア (2) ウ
(3) 参勤交代
(4) 語句…株仲間
特徴…例商工業者の力を利用して財政の立て直しを図った。
(5) X…異国船打払令
Y…例外国船に燃料や水を与え
(6) 蔵屋敷
(7) 浮世絵

(1) **ア**は1837年，**イ**は1772年，**ウ**は1787年～1793年，**エ**は1607年。**豊臣秀吉の朝鮮侵略**で断絶していた朝鮮との国交は，**対馬藩**の仲立ちで回復し，**朝鮮通信使**が派遣された。

(2) 1623年，イギリスが平戸の商館を閉鎖→1624年，スペイン船の来航を禁止→1639年，ポルトガル船の来航を禁止。よって，**ウ**の**オランダ**が正答。

(3) **参勤交代**は，**徳川家光**によって定められた制度。

(4) Aは**水野忠邦**が行った**天保の改革**。Bは**田沼意次**が行った改革。Cは**松平定信**が行った**寛政の改革**。田沼意次は商工業を活発化させることで経済発展を目指した。

(5) 19世紀ごろから外国船が日本に近づくようになったため，1825年，資料の**異国船打払令**を出した。しかし，**アヘン戦争**で大国の中国がイギリスに敗れたことを知った**水野忠邦**は，外国の攻撃を警戒し，異国船打払令をゆるめて外国船に燃料や水を与えるよう命じ，軍事力を強化した。

(6) 各地から年貢米や特産物が集まってくることから大阪は「**天下の台所**」と呼ばれた。

(7) 絵は**菱川師宣**の「**見返り美人図**」で，17世紀後半の京都や大阪を中心に栄えた**元禄文化**を代表する作品である。19世紀初めの**化政文化**では，**喜多川歌麿**が美人画の分野で，**葛飾北斎**や**歌川広重**が風景画の分野で活躍した。

2
(1) ①ア　②イ　(2) ウ
(3) 楽市・楽座　(4) ア
(5) 刀狩　(6) 兵農分離

(1) ① **イ**の**コロンブス**はスペインの援助を受け，1492年にアメリカ大陸付近の島に到達した。**ウ**の**フランシスコ・ザビエル**はイエズス会の宣教師で1549年に日本にキリスト教を伝えた。**エ**の**マゼラン**が率いた一行は世界一周を達成した。よって，**ア**の**バスコ・ダ・ガマ**が正答。
② **ア**の**ナポレオン**が皇帝になったのはフランス革命後の1804年で19世紀，**ウ**の**十字軍の遠征**が始まったのは11世紀，**エ**のイギリスで**産業革命**が始まったのは18世紀。よって，**イ**が正答。

(5) 資料中の「武具を所持することを固く禁止する。」などの文に着目する。

(6) **兵農分離**により，武士と農民をはっきり区別する身分制度の基礎が固まった。

---

7 開国と近代日本

1
(1) 下関条約　(2) エ
(3) 与謝野晶子
(4) X…ウ　Y…ア　Z…イ

(1) 1894年，朝鮮で**甲午農民戦争**が起こったことをきっかけに，清と日本が朝鮮に出兵したことで軍隊が衝突し，**日清戦争**へと発展した。日本は戦いを優勢に進め，1895年山口県の下関で，講和条約を締結した。このことから日清戦争の講和条約は，**下関条約**と呼ばれている。

(2) **X** ロシアの南下を警戒するイギリスとの間で利害が一致し，最初にイギリスとの間で領事裁判権の撤廃に成功した。**陸奥宗光**外務大臣のときである。**Y** 清での利権拡大をめざすロシアは，ドイツやフランスとともに，日本が下関条約で獲得した遼東半島を清に返還するよう勧告した。これを**三国干渉**という。

(3) **与謝野晶子**は，個性を重んじるロマン主義を代表する歌人である。

(4) **ウ**の**義和団事件**(1900年)は，列強の連合軍によって鎮圧されたが，ロシアの南下を警戒した日本は**ア**の**日英同盟**を締結(1902年)した。その後，**日露戦争**が開戦(1904年)し，その講和条約である**ポーツマス条約**によって，韓国における優越権を得た日本は植民地化を進め，**イ**のように**韓国を併合**した(1910年)。

2
(1) 異国船打払令　(2) エ
(3) ①イ　②ウ　③ア

(1) **異国船打払令**は1825年に出された，外国船を追い払う方針を示した法令。水野忠邦が老中のとき，これは撤回された。

(2) 1858年に結んだのは**日米修好通商条約**。このとき，**函館，神奈川（横浜），長崎，新潟，兵庫（神戸）**の5港を開いた。**日米和親条約**は1854年に結び，**下田，函館**の2港を開いた。

(3) ①～③の直後に出された宣言などに着目する。権利の章典はイギリスの名誉革命後，独立宣言はアメリカがイギリスから独立した際，人権宣言はフランス革命の際に出されたものである。

3
- (1) イ
- (2) 例米価が不安定で，政府の税収が安定しなかったから。
- (3) 伊藤博文 (4) エ

解説

(1) 1868年，戊辰戦争が始まる（**ウ**）→1869年，明治政府は版籍奉還を行う（**エ**）→1871年，岩倉使節団が派遣される→1877年，政府の政策に不満を持つ士族を西郷隆盛が率いて**西南戦争**を起こす（**ア**）→**自由民権運動**が広まり，1880年，**国会期成同盟**が結成されて，政府に国会の開設を求める（**オ**）→政府が**内閣制度**（1885年）を創設（**イ**）→1889年，**大日本帝国憲法**が発布される（**カ**）

(2) **資料**から，米価が大きく変動しているため，税収が安定していなかったことがわかる。そのため，地租改正によって土地の所有者に現金で納税させることで，税収の安定を図った。

(3) これに先立ち，伊藤博文はヨーロッパへ渡って**ドイツ（プロイセン）**の憲法を調査し，帰国後，大日本帝国憲法の草案を作成した。

(4) **X** 衆議院が国民によって選挙された議員からなるのに対して，**貴族院**は皇族・華族，天皇から任命された議員などからなっていた。**Y** 1885年の**内閣制度**の創設とともに，太政官制は廃止された。内閣は帝国議会，裁判所とともに，天皇の統治を助ける機関とされた。

8 現代の日本

1
- (1) 例小作農の割合が減り，多くの農民が自分の農地から収入を得られるようになったから。
- (2) エ
- (3) ①ア
  ②A…アメリカ　B…ソ連　C…中国
- (4) ウ (5) エ

解説

(1) 資料Ⅰから**小作農**が減り，**自作農**が増えたことを読み取る。小作農にとって大きな負担となっていた小作料がなくなったことで，多くの農民が収益を得やすくなった。

(2) Aの変化は**普通選挙法**の施行，Bの変化は戦後の民主化政策によって実現した。
普通選挙法では，納税額による制限を廃止して，

満25歳以上の男子に選挙権を与えた。その後，第二次世界大戦後のGHQ（連合国軍最高司令官総司令部）の民主化政策の意向を受け，選挙権は満20歳以上の男女に与えられることになった。

(3) ② **サンフランシスコ平和条約**は，アメリカなど48か国と締結した（1951年）。ソ連は調印せず，中国は講和会議に招かれなかった。

(5) **エのイラク戦争**は冷戦の終結（1989年）後の2003年に起こった。

2
- (1) ウ→エ→イ→ア (2) ベルサイユ
- (3) ア (4) ウ
- (5) 例衆議院第一党の立憲政友会の党員が大臣の大部分を占めている。
- (6) ニューディール（新規まき直し）政策

解説

(1) 満州国の建国を宣言した軍部は，**ウの五・一五事件**（1932年）で国内での政治的発言力を高めていった。一方，中国の訴えにより調査をした国際連盟は満州国を認めず，これを不服とした日本は**エ**のとおり**国際連盟を脱退**（1933年）し，**イの日中戦争**が始まった（1937年）。戦争が長期化する中，第二次世界大戦も始まり，**アの日独伊三国同盟**を結んだ（1940年）。

(2) フランスのパリで第一次世界大戦の講和会議が開かれ，講和条約が結ばれた。この**ベルサイユ条約**でドイツに巨額の賠償金を求めたことが，第二次世界大戦が勃発する要因の1つとなった。

(3) 第一次世界大戦により好景気をむかえた日本では，**成金**と呼ばれる富裕層が登場した。よって，アが正答。イは，日清戦争前の朝鮮をめぐる日本と清とロシアの関係を描いたものである。**ウ**は，1886年の**ノルマントン号事件**の風刺画である。これにより，**領事裁判権の撤廃**を求める世論が高まった。

(4) **吉野作造**は，政策は一般民衆の意向に沿って決定されるべきであると主張し，普通選挙や政党内閣制の実現を説いた。

(5) Pの政党は**立憲政友会**である。立憲政友会は，1900年に**伊藤博文**が中心となって結成し，長らく内閣の中心となる政党であった。

(6) **世界恐慌**時にアメリカが**ニューディール（新規まき直し）政策**を行う一方で，イギリスやフランスは，本国と植民地との貿易を拡大する**ブロック経済**で世界恐慌を乗り切ろうとした。

9 私たちの生活と日本国憲法

1
- (1) 例 国民の権利
- (2) ①エ　②公共の福祉　③ア，イ
- (3) イ　(4) 生存権
- (5) プライバシーの権利

(1) 資料中の【法の支配】の図で，法を国民が制定していることから，保障されるのが**国民の権利**であることに結びつける。
(2) ① アの最高裁判所長官の指名は**内閣**，イの条約の承認とウの内閣総理大臣の指名は**国会**の仕事である。また，最高裁判所長官の任命，内閣総理大臣の任命は**天皇の国事行為**である。
③ **自由権**は国から不当な制約を受けずに，自由に考えて行動できる権利のことである。**ウ**は**社会権**，**エ**は**請求権**にそれぞれ含まれる。

2
- (1) グローバル化　(2) ア
- (3) A…イ　B…エ　C…カ　(4) 無形
- (5) 例 少数意見が反映されにくい
- (6) エ

(1) **グローバル化**は高速交通・情報通信網の発達，金融の自由化などによってもたらされた。
(2) 情報格差と訳される。教育や所得の差から，得られる情報量に格差が生まれている。
(3) 資料Ⅰのグラフは日本の出生率と死亡率の変化を表しており，2005年を境に死亡率が出生率を上回っている。これは，「死亡する人より生まれてくる人の数が少ない」ということなので，日本の総人口は減少傾向にあることが読み取れる。

10 現代の民主政治とこれからの社会

1
- (1) A…オ　B…エ
- (2) 例 衆議院の議決を国会の議決とする。
- (3) X…解散　Y…総辞職
- (4) 例 内閣が国会に対し，連帯して責任を負う制度。
- (5) ①上告　②再審制度
- (6) A…直接請求　B…ア
- (7) 例 財政格差を減らすために配分される地方交付税の割合が高い。

(1) 内閣による国会への抑制は**ア**の衆議院の解散，内閣による裁判所への抑制は**イ**の最高裁判所の長官の指名，裁判所による国会への抑制は**ウ**の法律の違憲審査，裁判所による内閣への抑制は**カ**の命令や処分の違憲審査。
(2) **衆議院の優越**の例の1つである。**予算案の議決**以外にも，**法律案の議決，条約の承認，内閣総理大臣の指名，予算の先議**がある。
(6) B 地方公共団体が法律の範囲内で制定する独自の法を**条例**といい，制定や改廃の請求先は**首長**である。また，予算の運用などの報告や記録の提出を求めるときは**監査委員**に，議会の解散や首長・議員の解職（**リコール**）を求めるときは**選挙管理委員会**に一定数以上の署名を提出する。
(7) **地方交付税交付金**は，地方自治体の間の財政格差をおさえるために国から支出される，使い道が指定されない分配金。歳入が少ない地方自治体ほど歳入に占める地方交付税交付金の割合が高くなる。X市は歳入計が少なく，また，自主財源である地方税の割合が低くなっている。

2
- (1) 秘密選挙　(2) 満18歳以上
- (3) A…ア，エ　　B…イ，ウ
- (4) 例 選挙区によって有権者の数に差があるので，一票の格差が生じること。
- (5) 与党

(1) 選挙の4原則は，「**秘密選挙**」のほかに，一定以上の年齢の国民すべてに選挙権がある「**普通選挙**」，一人一票の「**平等選挙**」，代表者を直接選出する「**直接選挙**」がある。
(3) Aは定数が1であることから**小選挙区制**とわかる。小選挙区制では，立候補者の政策は把握しやすいが，当選者以外はすべて落選となるため死票が多い。Bはドント方式で行われていることから，**比例代表制**とわかる。比例代表制では，有権者のさまざまな意見は反映されやすいが，小党分立となる傾向が強く，議決するのが難しくなることがある。
(4) このときの選挙では，鳥取第1区の一票の価値は，東京第13区の2倍以上となっている。人口が密集した地域では一票の価値が低くなる傾向がある。

11 私たちのくらしと経済

1
(1) P…イ　　X…希少性
(2) クーリング・オフ制度
(3) 製造物責任法 (PL法)
(4) Q…利潤（り じゅん）　　R…配当
(5) ウ　　(6) ウ

解説
(1) 人間の生活にとって価値がある資源は，自然界に十分にない状態にある。これを希少性（き しょう）といい，私たちは限りある資源の消費に際して効率的で適切な選択をしなければならない。
(4) 業績が悪い場合は，配当（はい）は支払われない。
(5) 企業の社会的責任 (CSR) として，雇用確保，環境保護（かんきょう ほ ご），教育や文化活動など利潤の追求を超えた社会への貢献が求められている。
(6) 日本の女性は，出産や育児を行う人が多い世代の労働力率が低く，M字型のグラフになるのが特徴（とくちょう）である。

2
(1) 公正取引委員会　　(2) イ
(3) A…ア　　B…エ

解説
(3) 経済活動が活発になると，市場に出回る通貨量が増え，貨幣（か へい）の価値が下がっていく。このような状態が続くことをインフレーションという。

3
(1) APEC　　(2) A…イ　　B…エ
(3) ア

解説
(3) 9,000円の商品を日本から輸出する場合，1ドル90円のときのアメリカでの価格は100ドルだが，1ドル100円になると，アメリカでの価格は90ドルになる。これを円安（えんやす）という。円安の場合，輸出は有利に働く。
逆に，100ドルの商品を日本に輸入する場合，1ドル90円のときは9,000円で輸入できるが，1ドル100円のときは10,000円必要となる。

12 財政・国際社会

1
(1) 例 所得が多くなればなるほど税率が高くなる方法。
(2) 間接税　　(3) A…ア　　B…ウ

(4) ア，エ　　(5) ア　　(6) イ

解説
(1) 累進課税制度（るいしん）は，高額所得者から，より多くの税を徴収し，社会保障制度を通じて低額所得者に分配するしくみである。
(2) 法人税や所得税のように，税金を納める人と税金を負担する人が一致（いっ ち）する税を直接税という。
(3) 政府の景気対策として，好景気（こう けい き）のときは，増税により家計の消費意欲を減らし，公共事業を減（おさ）らすことで企業の生産を抑えて景気の行き過ぎを防ぐ。
(4) アの感染症（かんせんしょう）対策とエの廃棄物処理（はい き ぶつ しょり）が公衆衛生に分類される。イの児童福祉（ふく し）は社会福祉，ウの生活保護は公的扶助（ふ じょ），オの医療保険（い りょう）は社会保険に分類される。
(6) 文中の「国の借金の返済（へんさい）や利子の支払いなどの支出（し はらい）」から国債費（こく さい ひ）について述べており，また，「歳出額は約24兆円」は，グラフの歳出総額約108兆円の約22%であることから，イ。アは社会保障関係費，ウは地方交付税交付金，エは公共事業関係費を表している。

2
(1) パリ協定
(2) 持続可能な開発目標 (SDGs)（エスティーシーズ）
(3) オ　　(4) フェアトレード

解説
(1) 京都議定書とは異なり，全批准国（ひ じゅん）に温室効果ガスの削減（さくげん）目標の設定が義務づけられた。
(2) 「地球上の誰一人として取り残さない」をスローガンにかかげた。
(3) アは世界保健機関，イは世界貿易機関，ウは非政府組織（ひ せい しょ）ウは非政府組織，エは国際労働機関（き りょう）の略称。よって，非営利組織の略称であるオのNPOが正答。

3
(1) イ　　(2) 拒否権（きょ ひ けん）
(3) ウ　　(4) PKO

解説
(1) アは国家主義，イは地域主義，ウは世界規模，エは地方議会議員や首長の解職請求のこと。
(2) 安全保障理事会の常任理事国は，アメリカ，イギリス，フランス，ロシア，中国の5か国で，それぞれ拒否権をもっている。重要な案件において，このうちの1か国でも反対すれば採決できない。
(3) 国連難民高等弁務官事務所の略称。アは非政府組織，イは平和維持活動，エは世界保健機関。

I 漢字・語句

1
(1) すそ　(2) ただよ　(3) こ
(4) いこ

解説

(1) 「裕」や「被」などのころもへんの漢字と混同
　しないように注意。
(3) 「凝らす」は「一つのことに集中させる」とい
　う意味。

2
(1) そうじ　(2) きんさ　(3) かかん
(4) きろ　(5) しさ　(6) かんしょう

解説

(1) 「除」はここでは「じ」と読む。
(5) 「示唆」は「それとなく示すこと」という意味。

3
(1) 芽　(2) 額　(3) 拝　(4) 棒

解説

(2) 部首が「頁」の漢字は，頭に関する意味を表す
　場合が多い。
(4) 「鉄棒」「棒線」などの言葉も覚える。

4
(1) 運賃　(2) 復興　(3) 寒暖
(4) 仲裁　(5) 念頭　(6) 展覧

解説

(1) 「賃」を「貸」と間違えないように注意。
(4) 「仲裁」は「対立するものの間に入り，仲直り
　をさせること」という意味。

5
ウ

解説

いとへんは行書で書くと，楷書とは筆順が変わると
いうことを覚えておく。

6
A…イ
B…ケ

解説

指事文字には他に「下」「一」「二」などがある。**カ**が
形声，**キ**が象形，**ク**が会意。

7
イ

解説

「危険」は，似た意味の漢字の組み合わせである。
イの「締結」が似た意味の漢字の組み合わせ。

8
ウ

解説

実際に見た景色は，パンフレットの説明よりもすば
らしいことがわかった，という意味なので，**ウ**の
「百聞は一見にしかず」があてはまる。

9
イ

解説

「一心不乱」は「一つのことに熱中して，他のこと
には心を乱されない様子」という意味。

2 文法

1
ア

解説

「丁寧に」は形容動詞。**ア**の「貴重な」が正答。他は，
イ名詞，**ウ**動詞，**エ**形容詞。

2
エ

解説

「まるごと」が修飾するのは，「取り込む」という動
詞なので，用言を修飾する働きをもつ副詞が正答。

3
あっ

解説

「あっ」は，動詞「ある」の連用形。「て」は助詞な
ので，「あって」まで入れると誤り。

4
ア

解説

設問の「られる」は自発の意味。選択肢は，**ア**自発，
イ受け身，**ウ**可能，**エ**尊敬。

5
エ

解説

――部分は，「こと」に置き換えられる。選択肢の
中で「こと」に置き換えられるのは**エ**だけである。

6 3

解説
自立語は，「他」「誰か」「知ら」の三つ。文節に区切ったときに，文節の最初にくる単語が自立語。

7 五

解説
文節で分けると，「明良は／そんな／真野を／じっと／見つめた。」となる。

8 エ

解説
「みたい」は，「みる（動詞）」＋「たい（助動詞）」であるが，この「みる」は，本来の意味が薄れた補助動詞なので，「考えて」と「みたい」は補助の関係である。

9 主な出し物は、学級合唱や三年生による劇です。

解説
問題文では，劇も学級合唱も三年生だけが行う，という内容に読めてしまうので，語順を入れ替えて，「学級合唱」を「三年生による」よりも前にもってくる。こうすれば，三年生だけが行うのは，劇のほうだけであることを，はっきりと伝えることができる。

10 エ

解説
「た」や「て」に続くのは連用形。**ア**の「見れ」は「ば」に続くので仮定形。**イ**の「来る」は「と」という助詞に続くので終止形。**ウ**の「行こ」は「う」に続くので未然形。

11 活用の種類…**サ行変格活用**
活用形…**連用形**

解説
終止形は「する」。「する」はサ行変格活用。「て」に続くので連用形。動詞の活用の種類は，五段活用，上一段活用，下一段活用，サ行変格活用，カ行変格活用の５つ。

3 読解（説明的文章）

1 五字…**小さな変化** 四字…**突然変異**
一字…**種**

解説
文章の二つ目の段落に「一つは…」「もう一つは…」とあるので，ここから読み取る。空欄の前後の言葉が文章の中に出てくるので，それをヒントにすると見つけやすい。

2 エ

解説
「潤滑油」とは，機械部品などの滑りをよくするための油。摩擦を減らすために使う。筆者はこれを比喩に用いて，人間関係を円滑にさせるもの，という意味で使っている。その意味にいちばん近いのは，**エ**の「関係を滞りなく成り立たせる」である。

3 ア

解説
④段落では，それまでの「読むこと」に関する話題から離れて，「交渉すること」について述べられている。ただ，それは③段落にある「筆者の側に立」つことに関して，別の示し方をしていると読み取れる。従って，その内容に合う選択肢は，**ア**の「立場を変えることの重要性を別の角度から説明している」ということになる。**イ**の「対比させ，違いが明確になるよう」とか，**エ**の「提起した問題」などの部分は合わない。**ウ**は「③段落までに述べたことのまとめ」の部分が誤り。別の立場に立つという内容が書かれているのは③段落だけだからである。

4 読解（文学的文章）

1 ウ

解説
選択肢を確認すると，**ア**は「今までにないほど強いまなざし」が合わない。**エ**は「遠慮も気遣いもない言い方」をしているのはむしろ「わたし」のほうなので誤り。**イ**と**ウ**は迷うが，**イ**のように「謝りたい」と思っていたかどうかは分からず，**ウ**のように「何と答えてよいか分からなくなった」が最も近い表現であると考えることができる。

2 ウ

解説

――線部に「メロディーのように」とあり、これがたとえの表現といえるので、**ウ**が正答。**ア**は、確かに主語は省略されているが、主語を補うとすれば「香りが」などであり、「香りの在りか」を表すことはないので不適切。**イ**は、語の順序を逆にしてはいないので不適切。**エ**は、同じ言葉を繰り返していないし、香りがより強まる感じも表していないので不適切。

5 古典・詩歌

1 かかわらず

解説

語頭以外のハ行(は・ひ・ふ・へ・ほ)は、ワ行(わ・い・う・え・お)に直す。現代仮名遣いに直すときの基本ルールを覚えておく。

2 (1) ウ
(2) 車にて〜ざらん

解説

(1) ――線部を含む一文を現代語に直すと、「(八条大将保忠が)宮中に参内なさる途中で、時の叙負の佐がそれに会い、車から降りて立っていた」となる。

(2) 「陳じていはく、」の後から発言が始まる。「釈明して言うには、」という意味である。終わりは、「といひけり。」の前まで。「と言ったのである。」という意味。「いはく、……といひけり。」の形はよく見られるので、覚えておくと会話文を見つけやすい。

現代語訳

八条大将保忠というお方がいらっしゃった。本院のおとどの子である。周囲から尊敬されている人である。宮中に参内なさる途中で、時の叙負の佐がそれに会い、車から降りて立っていた。大将がとがめて言うには、「騎馬のときは、そのような礼儀があるだろうが、車ではそのようにするべきではない。」叙負の佐が釈明して言うには、「車を降りないでいるのは、互いに相手のことを知らない場合です。あなたは随身を連れていらっしゃり、わたくしも火長を従えています。だから、既に相手が誰なのか分かっているのですから、どうして礼を尽くさないことがあるでしょうか。」と言った。大将は、(叙負の佐の)理屈を理解し、お褒めになったのであった。

3 例 杖は折れて、猪は倒れた。(12字)

解説

「杖は細かりければふたつに折れて、猪は倒れたり。」の部分を現代語にすると、答えになる。「杖が細かったので二つに折れて、猪は倒れた。」これを十五字以内にまとめて解答する。

現代語訳

剣術を教えて世を渡る人がいる。年寄りなので、たいした腕前もないだろうと、人が言い合っていた。ところが、その人が、朝早く起きて、門にたたずんでいたところ、急に荒々しい猪が駆けてきた。逃げられそうもなかったので、持っていた杖で一打を浴びせたところ、杖は細かったので二つに折れて、猪は倒れた。これを聞いて、日頃から納得のいかないと思っていた者も、今このように老いていても、長年の習練が無駄ではないことを感じたことであった。

4

斉、
伐レテ魯ヲ
索ム讒
鼎ヲ一。

解説

「魯」と「伐」の順が逆になるのでレ点を使う。「讒」「鼎」「索」の順にするので、一・二点を使う。漢字が書き下し文と同じ順に並ぶかどうか、必ず確かめる。

5 エ

解説

この場合の「随ふ」は「あとについていく」という意味。道に迷って困っていた管仲は、老いた馬の経験や知恵に従うことで窮地を切り抜けたのである。その内容から**エ**が正答。

現代語訳

管仲と隰朋が孤竹を征伐するために、春に出発して冬に戻った。(途中)道に迷ってしまった。管仲が言うには、「老馬の知恵を用いることができる」と。そこで、老いた馬を放ち、これについていくと、ついに道を見つけることができたのである。

6	例	人が長安から来たという話は聞いたことが ある

解説

長安と日（太陽）のどちらが遠いか，という質問に，（長安から人が来たとは聞いたことがあるが，）太陽の辺りから人が来たとは聞いたことがない，だから太陽のほうが遠い，と答えたのである。

現代語訳

　（元帝が）明帝にたずねる，「お前は長安と太陽はどちらが遠いと思うか」と。答えて言うには，「太陽のほうが遠い。人が太陽の辺りから来たというのを聞いたことがない。居ながらにして知ることができる」と。元帝はこれを，非凡であると感心した。

7	ウ

解説

「銀杏散るなり」とあるので，季節は秋。選択肢の中で秋の句は「野菊」とある**ウ**。**ア**は「菜の花」とあるので春，**イ**は「粉雪」とあるので冬，**エ**は「蝉」とあるので夏。

6 作文

1	例	「三人寄れば文殊の知恵」

　情報化が進み人工知能が台頭してくる時代においても、協力しながら新しいものを創り出すことは人間にしかできないと思う。だから、みんなで話し合えばよい考えが浮かぶという意味の言葉を私は選んだ。

　私は、情報を自分だけで判断せず、他の人の考えにも耳を傾けたい。総合的な学習の時間のレポート作成では、インターネットの情報を基に仲間と相談することで新たな発見があった。今後もお互いの知恵を出し合って、見方や考え方を広げていきたい。

解説

　資料の文章を読み取ったうえで，関連することわざを選び，それについて作文を書く，というやや複雑な設問になっている。

　資料の文章は，情報化，グローバル化が進展する社会についての概略である。その中で大切にしていくことを，自分なりに考える必要がある。

　また，ことわざの意味を取り違えていると，作文の内容が正しくなくなってしまうので，確実に意味を知っていることわざを選ぶことが大事である。

　作文を書いたら，必ず条件を満たしているかどうか，確認すること。二段落構成を指定する設問はよく出題されるが，この設問では，各段落の内容まで指定されているので，注意が必要。原稿用紙の使い方については，確実に理解しておくこと。

2	例	この標語には、よく似た二つの動詞を続けることでリズムを生む工夫が見られる。「めくる」はページをめくって本を読むこと、「めぐる」は本の中の世界をめぐり味わうことを連想させる。

　この標語の軽快なリズムを感じると、気軽に本を読もうという気持ちになれるので、読書の推進にふさわしい標語だと考える。

解説

　標語をテーマとした出題はよく見られる。標語を自分なりに考えて書く設問が基本だが，この設問は標語が提示されていて，その表現の工夫を問うものになっている。まずは，標語の表現上の特徴を捉えて，それを言葉にすることができないと作文を書くのは難しい。「めくる」「めぐる」というよく似た言葉が続くこと，それらが何を連想させる言葉なのか，など思いつくままに，標語の特徴を挙げていくことで，作文の材料にすることができる。

　条件では，二段落構成で各段落の内容も指定されている。書き終えたあとに，必ず，条件と照らし合わせて守れているか確認すること。比較的短い字数指定なので，増えすぎないように注意する。